You(도슌)Tube

하나님의 구원계획

You(도순)Tube

하나님의 구원계획

Copyright ⓒ 머릿돌 2021

1쇄 발행 2021년 6월 25일

　지은이 유도순
　펴낸이 유효성
　펴낸곳 머릿돌

등록번호 제17-240호
등록일자 1997년 5월 20일
　　주소 경기도 성남시 분당구 성남대로 30, 동아그린프라자 501호
　　　　　Mobile. 010-9472-8327
　　　　　http://cafe.daum.net/gusoksa
　E-mail yoodosun@hanmail.net / yoohs516@hanmail.net

　　총판 기독교출판유통
　　　　　경기도 파주시 월동면 통일로 620번길 128
　　　　　(031) 906-9191
　디자인 참디자인

ISBN 978-89-87600-87-1 03230

 YouTube KR　｜ 유도순 구속사　⌨ ｜ 🔍 ｜

You(도순)Tube

하나님의 구원계획

189강에서 232강까지 | 마태복음에서 요한계시록까지

유도순 지음

목차

머리말

하나님은 자기 아들까지 아끼지 않으시고 우리 모두를 위해서 내어주셨죠. 우리 주님은 자기 생명까지 아끼지 않으시고 대속제물이 되어 주셨죠.

> "너희 가운데 전파된 하나님의 아들 예수 그리스도는 예하고 아니라 함이 되지 아니하셨으니 그에게는 예만 되었느니라"

목숨까지도 죽음까지도 Yes가 되셨죠.

> "하나님의 약속은 얼마든지 그리스도 안에서 예가 되니 그런즉 그로 말미암아 우리가 아멘 하여 하나님께 영광을 돌리게 되느니라"(고후 1:19–20).

이 사랑 · 은혜 · 십자가 복음을 증언하는데 무엇인들 아낄 소냐?

시간이랴 ⋯ 노력이랴 ⋯ 금전이랴 ⋯ 생명이랴

저도 오직 "아멘"하는 일념으로 성경 66권을 구속사라는 관점으로 강론했습니다.

강론한 것만으로는 너무나 부족하고 모자라 창세기를 예로 들면,

1. 창세기 파노라마
2. 창세기 장별 연구
3. 창세기 설교
4. 창세기에 나타난 하나님의 구원계획
5. 창세기를 통한 신구약 파노라마 등으로 증언하고, 증언하고 또 증언했습니다.

이제 마지막으로 You Tube 영상을 통해서 하나님의 구원계획을 창세기로부터 시작하여 계시록까지 232강에 걸쳐 증언했습니다. 그 중 신약 부분을 컬러를 활용하여 PPT라는 새로운 시도로 펴내게 되었습니다. 부족한 점이 많은 것은 제 역량이 부족해서요, 열정이 부족해서는 아니라는 점을 말씀드리고 싶습니다.

> "하나님이여 주는 하늘 위에 높이 들리시며 주의 영광이 온 세계 위에 높아지기를 원하나이다"(시 57:5).

우리교회 원로목사 **유 도 순**

You(도순)Tube

189강

복음서 서론

복음서 새롭게 보기

❶

저는 모세오경을 증언한 후에 복음서를 전했다 But why?

요 5:46 모세를 믿었더라면 또 나를 믿었으리니
이는 그가 내게 대하여 기록하였음이라

요 3:14 모세가 광야에서 뱀을 든 것 같이
인자도 들려야 하리니

마20:28 인자가 온 것은 섬김을 받으려 함이 아니라 자기
목숨을 대속물로 주려 함이니라

---

❷

신약성경을 시작하면서 순서 상 복음서를 보완해서 전한다

* 하나님, 복음이 무엇입니까?
* 복음서에 복음이 몇 개나 있습니까?
* 복음서에 복음이 어디서 처음으로 등장합니까?

마4:23 예수께서 천국 복음을 전파하시며
막1: 1 하나님의 아들 예수 그리스도의 복음의 시작이라
눅4:18 주의 성령이 내게 임하셨으니 이는 가난한 자에게
복음을 전하게 하시려고

---

❸

그런데 의미적으로는 복음이 주님께서 탄생하실 때 선포되었다

눅2:10 천사가 보라 내가 온
백성에게 미칠

기쁨의 좋은 소식을
너희에게 전하노라

좋은 소식=복음
(euaggelion)

눅2:11 오늘 다윗의 동네에
너희를 위하여

구주가 나셨으니
곧 그리스도 주시니라

---

❹

Q : 주님의 탄생만으로 하나님께는 영광이고 땅에서는 기뻐하신 사람들에게 평화인가?

눅2:13 (그 때)
홀연히 수많은 천군,
천사들이
하나님을 찬송하기를

눅2:14 지극히 높은 곳에서는
하나님께 영광이요

눅2:14 땅에서는
하나님이 기뻐하신
사람들 중에 평화로다

---

⑤ 십자가를 지심으로 하나님께 영광이요 땅에서는 기뻐하신 사람들 중에 평화로다

내가 이를 위하여 이 때에 왔나이다

요14:27 평안을 너희에게 <u>끼치노니</u> 내가 너희에게 주는 것은 세상이 주는 것과 같지 아니하니라

요12:28 아버지의 이름을 <u>영광스럽게 하옵소서</u>

요16:33 너희로 내 안에서 평안을 누리게 하려 함이라

⑥ 왜 이런 질문을 하는가? 복음서를 설교하기만 하면 복음을 전하는 줄로 알기 때문이다

마1:21 아들을 낳으리니 이름을 예수라 하라 이는 그가 자기 백성을 그들의 죄에서 <u>구원할 자</u>이심이라

주님의 탄생만으로 우리의 죄에서 구원하심이 가능해집니까?

⑦ (히2:15) 죽기를 무서워하므로 한평생 매여 종 노릇 하는 모든 자들을 놓아 주려 하심이니

눅4:18 가난한 자에게 복음을 전하게 하시려고 나를 보내사 포로 된 자에게 자유를, <u>눌린 자를 자유롭게</u>

이 자유가 주님의 탄생만으로 가능해집니까

⑧ 잃어버린 자를 찾으심이, 죄에서 구원하심이 어떻게 해서 가능해졌는가?

눅19:10 인자가 온 것은 <u>잃어버린 자를 찾아</u> <u>구원하려 오셨다</u>

마1:21 자기 백성을 그들의 죄에서 <u>구원할 자</u>이심이라

마20:28 인자가 온 것은 <u>자기 목숨을</u> <u>대속물로 주려 함이니라</u>

그러므로 복음은 어떻게 시작하여
어떻게 완성이 되었는가?

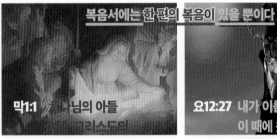

복음서에는 한 편의 복음이 있을 뿐이다

막1:1 하나님의 아들
그리스도의

요12:27 내가 이를 위하여
이 때에 왔나이다

복음의 시작이라
(탄생, 시작)

요19:30 십자가상에서
다 이루었다
(이때 비로소 휘장이 찢어짐)

복음, 복음 하는데 복음이 무엇인가?
바울이 받은 복음, 바울이 전한 복음이다

고전15:3 내가 받은 것을 먼저 너희에게 전하였노니
이는 성경대로 그리스도께서
우리 죄를 위하여 죽으시고

고전15:4 장사 지낸 바 되셨다가
성경대로 사흘 만에 다시 살아나사

복음에는 네 가지 요점이 있다. 한 가지만 빠져도?
첫째 요점, (15:3) 그리스도께서

그리스도께서 (예수께서 아닌)
이는 박해자였던 바울의
신앙고백이었다.

마16:16 주는 그리스도시요
살아 계신 하나님의
아들이시니이다

엡1:3 (우리의 고백)
우리 주 예수 그리스도

둘째 요점, 그리스도께서
(고전15:3) 우리 죄를 위하여 죽으셨다

마20:28 인자가 온 것은
자기 목숨을
대속물로 주려
함이니라

고후5:21 하나님이 죄를
알지도 못하신 이를
우리를 대신하여
죄로 삼으신 것은

고후5:14 생각하건대
하나님의 아들이 나를
대신하여 죽어주셨다

⑬
셋째 요점, 그리스도께서 우리 대신 죽으시고
(고전15:4) 사흘 만에 다시 살아나셨다

행2:24 하나님께서 그를 살리셨으니
사망에 매여 있을 수
없었음이라

히2:14 죽으시고 부활하심으로
죽음의 세력을 잡은 자
곧 마귀를 멸하시며

롬1:4 죽은 자들 가운데서 부활하사 하나님의 아들로 선포되셨으니

⑭
넷째 요점은, 그리스께서 죽으시고 부활하신 것이
(고전15:3-4) 성경 대로, 성경 대로

고전15:3-4
성경대로 우리 죄를 위하여 죽으시고

고전15:4
성경대로 사흘 만에 다시 살아나사

딤후2:13
우리는 미쁨이 없을지라도
주는 항상 미쁘시니 자기를 부인하실 수 없으시리라

요10:35
성경은
폐하지 못하나니

⑮
만일 그리스도께서 임마누엘 하셨으나
우리 대신 죽어주시지 않으셨다면?

요12:24 한 알의 밀이 땅에 떨어져
죽지 아니하면
한 알 그대로 있고
죽으면 많은 많은
열매를 맺느니라

그리스도+십자가+부활
= 구원의 복음

구약의 성도들이 드린
"속죄제,
등도
유익이 없게 된다

히10:1 모형과 그림자
참 형상이 아니므로

⑯
주님이 죽으시고
만일 부활하시지 못하셨다면

고전15:17 너희의
1) 믿음도 헛되고
2) 너희가 여전히
죄 가운데 있을 것이요

고전15:18 그리스도 안에서
3) 잠자는 자도
망하였으리니

히11:13 이 사람들은 다
믿음을 따라 죽었으며
약속을 받지 못하였으되

⑰ 주님은 내가 문이다 하신다
구원의 문과 부활의 문을 여셨다

마27:51 "다 이루었다"
이에 성소 휘장이
찢어져 둘이 되고

히10:20 그 길은 우리를 위하여
휘장 가운데로 열어 놓으신
새로운 살 길이요

구원의 문을 여시고

고전15:20 그리스도께서
죽은 자 가운데서
다시 살아나사
잠자는 자들의
첫 열매가 되셨도다

부활의 문을 여셨다

---

⑱ 복음서 새롭게 보기, 마지막 질문이다

1. 이것이 형제가 받은 복음이요, 믿는 복음입니까?
2. 이것이 형제가 전한 복음이 맞습니까?

---

⑲ 왜 복음을 전해야만 하는가?
그리스도께서 헛되이 죽으셨느니라(갈2:21)

요3:5

예수께서
1) 진실로 진실로 네게 이르노니
사람이 물과 성령으로
거듭나지 아니하면
2) 하나님의 나라에 들어 갈 수
없느니라

엡1:13

너희도 진리의 말씀 곧
1) 구원의 복음을 듣고
2) 또한 믿어
3) 약속의 성령으로 인치심을
받았으니

---

⑳ 로이드 존스
(존 스토트, 그리스도의 십자가에서)

* 1929년 남 웨일즈에서
설교를 들은 어느 성도로부터
* 당신의 설교에는 복음이 없다는
충격적인 지적을 받음
* 고서점 주인에게 두 권의
책을 추천받음
  1. 데일(1875)
  2. 제임스 데니(1903)

* 침식 전폐하고 탐독
이런 경우 의사를 불러야
할지 말아야 할지 고민,

고전2:2 내가 너희 중에서 예수
그리스도와 그가 십자가에
못 박히신 것 외에는
아무 것도 알지 아니하기로
작정하였음이라(묘비명)

㉑

그리스도와 십자가를 분리하면 복음이 사라진다

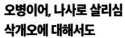

오병이어, 나사로 살리심
삭개오에 대해서도

갈5:4   그리스도, 끊어지고,
은혜에서 **떨어진 자**

㉒

You(도순)Tube

190강

마태복음
한 번에 설교하기 [한 편의 복음]

❶

마태, 마가, 누가복음을 공관(共觀)복음이라 한다
공통적으로 두 주제를 증언하고 있다(기록목적)

1) "너희는 나를 누구라 하느냐"
   (마16:15, 막8:29, 눅9:20)
2) 그리스도시요
3) 살아 계신 하나님의
   아들이시니이다

2) "죽임을 당하고
   제 삼일에
   살아나야 할 것을
   비로소 나타내시니"
   (마16:21, 막8:31, 눅9:22)

* 예수가 누구신가?

* 무엇을 행해 주셨는가?

❷

복음서를 강해할 때 전체 중심주제
예수가 누구신가? 나를 대신하여 죽어주셨다

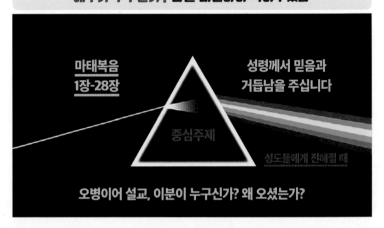

마태복음
1장-28장

성령께서 믿음과
거듭남을 주십니다

중심주제

성도들에게 전해질 때

오병이어 설교, 이분이 누구신가? 왜 오셨는가?

❸

우리가 살아도 주를 위하여 살고
죽어도 주를 위하여 죽나니 롬14:8

롬5:5 성령께서 하나님의 사랑을
성도들의 마음에
부은 바 됨이니

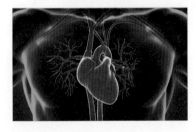

롬5:7 의인을 위하여 죽는 자가
쉽지 않고 선인을 위하여
용감히 죽는 자가 혹
있거니와

마15:8 이 백성이 입술로는
나를 공경하되

마음은 내게서 멀도다

❹

이사야서의 두 주제 = 복음서의 두 주제
그는 누군가? 무엇을 행해주셨는가?

사9:6 이는 한 아기가 우리에게
났고 한 아들을 우리에게
주신바 되었는데 그 이름은

사53:6 우리는 다 양 같아서
그릇 행하여
각기 제 길로 갔거늘

전능하신 하나님이라
영존하시는 아버지라
평강의 왕이라

여호와께서는
우리 무리의 죄악을
그에게 담당시키셨도다

❺

마태복음에 많은 말씀이 있어도
두 주제만 믿으면 구원을 얻는다 반면?

마16:15-16 너희는(너는) 나를 누구라 하느냐
주는 그리스도시요
살아 계신 하나님의 아들이시니이다

마20:28 인자가 온 것은 섬김을 받으려 함이 아니라
도리어 섬기려 하고
자기 목숨을 (ㅇㅇㅇ의) 대속물로
주려 함이니라

---

❻

공관복음의 특징

1) 마태는 그리스도를 "왕"으로
2) 마가는 그리스도를 "종"으로
3) 누가는 그리스도를 "인자"(人子)로

하나님의 아들 그리스도는 "만왕의 왕"이시면서
대속물이 되시기 위해서 "인자"로 오셔서 죽기까지 복종하신
"종"으로 섬기셨다.

---

❼

마태복음 1장은
왕의 족보로 시작한다 의도가 무엇인가?

마1:1 아브라함과 다윗의 자손
예수 그리스도의 계보라

* 고로 예수와 그리스도를
분리하지 말라

창22:18 네 씨로 말미암아
천하 만민이 복을
받으리니

삼하7:12 내가 네 몸에서 날
네 씨를 네 뒤에 세워
그의 나라를
견고하게 하리라

---

❽

마태복음 2장은
왕이 탄생하셨다는 것으로 시작한다

마2:2 유대인의 왕으로
나신 이가 어디 계시냐

동방박사를 세우신 의도
(참고, 출9:16)

겔37:24 (에스겔 선지자) 내 종
다윗이 그들의
왕이 되리니
그들 모두에게
한 목자가 있을 것이라

**❾ 다윗 왕의 동네 베들레헴에서
다윗과 같은 왕이 나셨다**

마2:3-5 헤롯 왕, 소동한지라
그리스도가
어디서 나겠느냐
유대 베들레헴이오니
이는 선지자로 기록된 바

미5:2 베들레헴 너는 유다 족속
중에 작을지라도
이스라엘을
다스릴 자(왕)가
네게서 내게로
나올 것이라
그의 근본은
상고에, 영원에 있느니라

**❿ 마태복음 3장에는
왕의 탄생에 길 예비자가 등장한다**

마3:1 세례 요한

마3:2 회개하라
천국이 가까이 왔느니라
(왕이 오셨다, 백성들아)

마3:3 그는 선지자 이사야를
통하여 말씀하신 자라

사40:3 외치는 자의 소리여
여호와의 길을 예비하라

**⓫ 구원계획은 삼위 일체 하나님의 역사이다
인자는 아버지 하나님께서 인치신 자니라 요6:27**

1) (성자)예수께서 세례를 받으시고

2) 하나님의 성령이
비둘기 같이 임하심을 보시더니

3) 성부 하나님
이는 내 사랑하는 아들이요
내 기뻐하는 자라
(왜 세례를 받으셨는가?)
모든 의를 이루는 것이
합당하니라 (마3:15-17)

**⓬ 마태복음 4장에는 주님의 첫 사역이 있다
첫 시조는 에덴에서, 새로운 대표자는 광야에서 세 가지 시험**

마4:1 예수께서
성령에게 이끌리어
마귀에게 시험을 받으러
광야로 가사

마4:2 40일을 주리신지라
시험=공생애 첫 행적이다

마4:3 네가 만일 하나님의 아들이어든

그리스도

⑬ 이 때로부터(인침을 받으시고 시험을 받으신 후) 비로소 복음을 전파하기 시작한다

마4:16 흑암에 앉은 백성이
큰 빛을 보았고
사망의 땅에 앉은 자들에게
빛이 비치었도다

마4:17 이 때부터 비로소 전파하여
이르시되 회개하라
천국이 가까이 왔느니라

* 이미와 아직
* 두 세계가 겹쳐져 있다

⑭ 5장에는 "산상수훈=천국"은 어떤 자의 것인가 왕의 복음에는 "천국"이 서른 일곱 번 등장한다

마5:1 예수께서 산에 올라가
앉으시니 제자들이

마5:3 심령이 가난한 자는
천국이 그들의 것임이요

마5:10 의를 위하여 박해를
받은 자는 복이 있나니
천국이 그들의 것임이라

마5:13-14 너희는
1) 세상의 소금이니
2) 세상의 빛이라

⑮ 마태는 구약의 메시아언약과 예언이 예수님에게 성취되었음을 입증하는데 주력하고 있다

마1:22 이 모든 일이 된 것은
선지자로 하신 말씀을
이루려 하심이니
1:22, 2:5, 15, 17, 23, 3:3,
4:14, 8:17, 12:17, 12:21,
13:35, 21:4, 26:56, 27:9
(열 네 번)

마26:54 이런 일이 있으리라 한
성경이 어떻게
이루어지겠느냐

⑯ 마태복음의 초점 "말씀을 마치시고" 다섯 번 등장한다

마7:28 예수께서 이 말씀을
마치시고(산상수훈)

마11:1 열두 제자에게
명하시기를 마치시고

마13:53 모든 비유를 마치신 후에

마19:1 예수께서 이 말씀을
마치시고

마26:1 예수께서 이 말씀을
다 마치시고

* 어떻게 하셨습니까?

⑰ 자신을 주셨다 그래서 우리의 구주가 되셨다

마26:26 떡을 가지사 축복하시고
받아 먹으라
이것이 내 몸이니라

마26:27 너희가 다 이것을 마시라

마26:28 언약의 피니라

* 성경의 문제와 해답

창2:17 먹는 날에는
<u>반드시 죽으리라</u>

⬇

요6:51 이 떡을 먹으면
<u>영생하리라(십자가복음)</u>

⑱ 결전의 날이 이르러 왕이 예루살렘성에 입성하신다 예루살렘성은 이 세상 임금의 지배 하에 있었다

마21:9 호산나
다윗의 자손이여
주의 이름으로 오시는 이여

마21:10 (탄생 2:3 소동)
온 성이 소동하여

요12:31 이제 이 세상에 대한
심판이 이르렀으니
이 세상 임금이 (사탄)
쫓겨나리라

마23:33 뱀들아 독사의 새끼들아
(사탄의 하수인들)

⑲ 온 인류의 구원이 걸려 있는 결전(決戰)의 순간이다 구속사에 이보다 더 큰 전쟁이 있단 말인가!

마26:39 아버지의 원대로
하옵소서

눅22:43 천사가 나타나
힘을 더하더라

마27:35 예수를
십자가에 못 박고

마27:37 유대인의 왕 예수
사탄이 승리하는 것 같았죠

그런데 도리어 다 이루었다!!

⑳ 사망권세를 이기고 부활하셨다 구속사에, 이보다 더 큰 승리가 있단 말인가!

마28:6 여기 계시지 않고
말씀 하시던 대로
살아나셨느니라

요16:33 세상에서는 너희가
환난을 당하나 담대하라
내가 세상을 (이세상 임금을)
이기었노라

골2:15 십자가로
<u>그들을 이기셨느니라</u>

㉑ ## 마태복음은 이렇게 마치고 있다

마26:46 일어나라!
함께 가자!
Rise! Let us go!
起来! 我们走吧!

마28:18 하늘과 땅의 모든
권세를 내게 주셨으니

마28:19 너희는 가라

마28:20 세상 끝날까지 너희와
항상 함께 있으리라

계2:1 오른손에 일곱 별을
붙잡고 일곱 금촛대 사이를
거니시는 (행하시는)

You(도순)Tube

191강

산상수훈

구속사적인 의미

❶

* 마 5-7장 : 산상에서 산상수훈을 주신 주님의 의도
* 출19-20장 : 시내산에서 율법을 주신 하나님의 의도

시내산

신4:6   너희는 지켜 행하라
이 큰 나라 사람은 과연
지혜와 지식이 있는
백성이로다 하리라

출20:2   나는 너를 애굽 땅
종 되었던
집에서 인도하여 낸
네 하나님 여호와니라

갈3:24   율법으로 죄를 깨닫고
그리스도께로 인도하는
초등교사로 주심

❷

산상수훈을 주신 두 가지 목적
① 소금과 빛의 삶 ② 나를 믿으라

마5:16   이같이 너희 빛이
사람 앞에 비치게 하여

1) 그들로 너희 착한 행실을 보고
하늘에 계신
너희 아버지께
영광을 돌리게 하라(윤리)

마5:17   내가 율법이나 선지자를
폐하러 온 것이 아니요

2) 완전하게 하려 함이라(신학)

롬10:4   그리스도는
모든 믿는 자에게
① 의를 이루기 위하여
② 율법의 마침이 되시니라

❸

예수께서 무리를 보시고 산에 올라가
앉으시니 제자들이 나아온지라 마5:1

마5:3   심령이 가난한 자는
복이 있나니 (첫 말씀)

1) 천국이 그들의 것임이요
2) 심령(Pneuma)
    ① 가난, 펜티크로스(pentichros)
    ② 프토코스(ptochos)

(하나님 앞에 심령이 프토코스한 자는 복이 있나니)

❹

잘못 가르치고 잘못 배웠다
율법 조문(문자, Letter), 오직 영으로 함이니

마5:28   음욕을 품고 여자를
보는 자마다 마음에 이미
간음하였느니라

렘17:9-10   만물보다 거짓되고
심히 부패한 것은
① 마음이라 누가 능히 이를
알리요마는(히4:12)
② 나 여호와는 심장(心臟)을
살피며(Leb 가장 깊은 곳)

마5:27   간음하지 말라
하였다는 것을 너희가
들었으나(배웠으나)

❺

빌3:6 율법의 의로는
홈이 없는 자라

롬7:24 오호라 나는 곤고한
사람이로다
이 사망의 몸에서 누가
나를 건져내랴

롬7:7 십계명
탐내지 말라(열 번째)
탐심(貪心), 마음의 문제

롬7:9 전에 율법을 깨닫지
못했을 때에는
내가 살았더니
계명이 이르매 죄는
살아나고 나는 죽었도다

❻

마5:29 만일 네 오른 눈이
실족하게 하거든
빼어버리라
백체 중 하나가 없어지고
온 몸이 지옥에 던져지지
않는 것이 유익하며

마5:30 만일 네 오른손이
너로 실족하게 하거든
찍어버리라
온 몸이 지옥에 던져지지
않는 것이 유익하니라

❼

롬7:15 내가 원하는 것은 행하지
아니하고 도리어
미워하는 것을 행함이라

롬7:19 내가 원하는 바 선은
행하지 아니하고
도리어 원하지 아니하는
바 악을 행하는도다

1) 내 마음의 법과 싸워
나를 사로잡는 것을 보는도다
2) 오호라 나는 곤고한 사람이로다
누가 나를 건져내랴(롬7:23-24)

롬7:14 죄 아래에 팔렸도다

요8:34 죄의 종이라

❽

마5:3 심령이 가난한 자는
천국이 그들의 것임이요

마5:4 애통하는 자는

마5:5 온유한 자는

마5:6 의에 주리고 목마른 자는
복이 있나니 그들이
배부를 것임이요

마5:7 긍휼히 여기는 자는

마5:8 마음이 청결한 자는

마5:9 화평하게 하는 자는

마5:10 의를 위하여 박해를
받은 자는 복이 있나니
천국이 그들의 것임이라

⑨ 바리새인과 세리라
비교를 용납하지 않는 하늘과 땅의 차이다(눅18:10)

눅18:13 세리
다만 가슴을 치며 불쌍히
여기소서
나는 죄인이로소이다

눅18:14 주님
저 바리새인이 아니고
이 (세리가) 의롭다 하심을
받고 그의 집으로
내려갔느니라

눅18:11 바리새인은
이 세리와도 같지
아니함을
감사하나이다
(사람보기에는)

---

⑩ 메시아를 기다리던 유대인, 왜 버림을 당했다? 반면교사
성경을 곡해하여 죄를 모르고 복음을 몰랐기 때문

롬10:2-3 내가 증언하노니
그들이 하나님께
열심이 있으나

① 올바른 지식을
따른 것이 아니니라
② 율법의 의로는
흠이 없는 자라 (빌3:6)
③ 하나님의 의를 모르고
자기 의를 세우려고
④ 힘써 하나님의 의에
복종하지 아니하였느니라

---

⑪ 죄를 모르게 되면
대속교리, 복음을 부인하게 된다

요3:14 모세가
광야에서
뱀을
든 것
같이
인자도
들려야
하리니

요12:32 내가 땅에서 들리면
모든 사람을 이끌겠노라

요12:34 우리는 율법에서
그리스도가 영원히 계신
다 함을 들었거늘
너는 어찌하여
인자가 들려야 하리라

---

⑫ (눅11:52) 화 있을진저 너희가 지식의 열쇠를 가져가서
너희도 들어가지 않고 또 들어가고자 하는 자도 막았느니라

창3:15 여자의 후손
창22:2 번제로 드리라
출12:13 내가 피를 볼 때에
너희를 넘어가리니
* 유월절을 지키라
* 상번제를 드리라

시22:16 나를 둘러
내 수족을 찔렀나이다
사53:6 여호와께서는 우리
모두의 죄악을 그에게
담당시키셨도다
히1:1 여러 부분과 여러
모양으로 조상들에게
말씀하신 하나님

⑬ 세리 장 마태가 기록한 마태복음 "말씀을 마치시고" 다섯 번 등장한다

마7:28 예수께서 이 말씀을
마치시고(산상수훈)

마19:1 예수께서
이 말씀을 마치시고

마11:1 열두 제자에게
명하시기를 마치시고

마26:1 예수께서 이 말씀을
다 마치시고

마13:53 모든 비유를
마치신 후에

⑭ 26장 : 다 마치신 주님은 어떻게 하셨는가? 자신을 주셨다 그래서 우리의 구주가 되셨다

마26:1 예수께서
말씀을 다 마치시고

마26:2 이틀이 지나면
유월절이라

마26:27-28
너희가 다 이것을 마시라
이것은 죄 사함을 얻게 하려고
홀리는 바 나의 피 곧 언약의
피니라

마26:26 떡을 가지사
받아 먹으라
이것이 내 몸이니라

⑮ 그러므로 네 개의 복음서의 초점은 '유월절'에 맞춰져 있다

마26:2 이틀을 지나면
유월절이라
인자가 십자가에
못박히기 위하여
팔리우리라

눅22:15 내가 고난을 받기 전에
너희와 함께 이 유월절
먹기를 원하고 원하였노라

요13:1 유월절
자기가 세상을 떠나
아버지께로 돌아가실 때가
이른 줄 아시고

막14:1 이틀을 지나면
유월절과 무교절이라

⑯ 고난을 받기 전에 유월절 먹기를 원하고 원하신 주님의 마음

* 첫 유월절

출12:11 너희는 그것을 이렇게
먹을지니
1) 허리에 띠를 띠고 발에
신을 신고 손에
지팡이를 잡고
2) 급히 먹으라 이것이
여호와의 유월절이니라

* 마지막 유월절

히9:10 이런 것은
1) 육체의 예법일 뿐이며
2) 개혁(改革)할 때까지
맡겨 둔 것이니라

* 첫 성찬이었다

⑰ **복음서는 주님의 공생애 3년 중 고난의 한 주간에 초점을 맞추고 있다**

마21:9 호산나 다윗의 자손이여
찬송하리로다 주의
이름으로 오시는 이여
(3/1)

막11:9 호산나 찬송하리로다
주의 이름으로
오시는 이여 (3/1)

눅19:38 주의 이름으로
오시는 왕이여 (4/1)

요12:13 호산나
찬송하리로다 (2/1)

* 그때 구원을 이루셨네

---

⑱ **증인이 증언해야 할 복음의 핵심**

창2:17 선악을 알게 하는 나무의
열매는
먹지 말라

네가 먹는 날에는
반드시
죽으리라

요6:51 나는 하늘에서 내려온
살아 있는 떡이니
사람이 이 떡을
먹으면
영생하리라

네가 먹으면
반드시
살리라

---

⑲ **주님의 살을 먹고 피를 마신 자라면 주님은 어떤 성도, 어떤 목사가 되기를 원하느냐? 물으신다**

고전2:16 누가 주의 마음을
알아서 주를 가르치겠느냐
그러나 우리가
그리스도의 마음을
가졌느니라

빌1:8 내가 예수 그리스도의
심장으로
너희 무리를 얼마나
사모하는지 하나님이
내 증인이시니라

---

⑳ **결론 : 성경은 구속의 역사다**

마1:1 아브라함과 다윗의 자손
예수 그리스도의 계보라
* 계보를 알기 위해서는?

마20:28 인자가 온 것은, 대속물로
주려 함이니라
* "대속물"의 뜻을 알기 위해서는?

마27:51 이에 성소 휘장이 찢어져
둘이 되고
* "휘장"의 의미를 알기 위해서는?
* 어느 본문이든지
"이 성경이 내게 대하여
증언함이라" 하신
구속사의 맥락에서 보아야

You(도순)Tube

192강

마가복음
한 번에 설교하기

❶ 마가복음은 그리스도를 섬기러 오신 종으로 증언한다

사9:6 (한 아기) 그의 이름은
1) 전능하신 하나님이라

↓

사53:11 2) 나의 의로운 종이
많은 사람을
의롭게 하며
또 그들의 죄악을
친히 담당하리로다

빌2:7-8 자기를 비워
종의 형체를 가지사
십자가에
죽기까지 복종하셨으니

❷ 섬기러 오신 종의 최대의 섬김이 무엇인가? 마가복음서의 두 주제(기록목적)도 동일하다

막8:29 나를 누구라 하느냐
① 주는 그리스도시니이다

막10:45 인자가 온 것은
섬김을 받으려 함이
아니라
도리어 섬기려 하고
(누구를?)

② 자기 목숨을
대속물로 주려 함이니라
(누구의 대속물입니까?)

❸ "섬기러 오신 종" 마가복음에는

* 탄생하는 기사도 없고,
족보도 없고,
천사의 찬양도 없다
축하하러 온
동방박사도 없고,
경배 드리는
목자들도 없다

* 1장부터 곧바로

막1:34 각종 병을 고치시며
많은 귀신을 내쫓으시는
섬기시는 것으로
시작된다

❹ 그러므로 그리스도께서 죄인들과 접촉(接觸)하시는 장면이 자주 등장한다

마태와 누가는
귀신들린 자를
"꾸짖으시니" 한 것을

막9:27
손을 잡아 일으키시고

마태와 누가는
어린아이에게
"안수하셨다"한 것을

막10:16, 9:36
"어린아이들을 안고
안수하시고 축복하시니라"

❺ 마치 궂은일을 도맡아 하는 이웃집 아저씨, 종과 같으시다

막1:41 나병환자에게
"손을 내밀어 대시며"

마7:33 귀먹은 사람에게
"손가락을 그의
양 귀에 넣고 그의 허에
손을 대시며"

막3:10 병자들이 예수를
만지고자 하여
몰려왔음이라

❻ 마가복음에는 "말하지 말라"가 다섯 번 등장한다 이를 통해서 주님의 의도를 깨닫게 된다

막1:42 나병을 고쳐주시고도
막1:43 엄히 경고하사
막1:44 삼가 아무에게

① 아무 말도 하지 말라
막5:22 회당장 야이로의
막5:41 죽은 딸, 달리다굼

막5:43
② 아무도 알지 못하게 하라
많이 경계하시고

❼ 이처럼 말하지 말라 금하신 의도가 무엇일까?

막7:32 사람들이
귀 먹고
말 더듬는 자를
데리고

막7:34 하늘을 우러러
탄식하시며
에바다

막7:36 그들에게 경고하사
③ 아무에게도 이르지 말라

❽ 그리스도인 것도 말하지 말라고 경고하신 주님의 마음을 증인 된 형제는 깨닫게 되었는가?

막8:29 너희는 나를 누구라 하느냐
그리스도이십니다
막8:30 이에 자기의
일(그리스도인 것)을

④ 아무에게도 말하지 말라
경고하시고

막8:31 죽임을 당하고 삼일만에
살아나야 할 것을
비로소 가르치셨다
* 두 주제를 함께 전하라는

⑨ 9장에는 주님의 의도를 더욱 분명히 깨닫게 하는 장면과 말씀이 있다

막9:2 베드로, 야고보, 요한을
데리시고 높은 산에
올라가셨더니
그들 앞에서 변형되사

막9:4 모세, 엘리야

눅9:31 예루살렘에서
별세하실 것을 말할새

막9:9 경고하시되
⑤ 죽은 자 가운데서
날 때까지는
이르지 말라 (그때는?)

⑩ 복음서의 두 주제를 함께 전해주라는 뜻이다 두 주제를 분리하면 복음이 사라진다

고전1:23 우리는 십자가에 못 박힌
그리스도를 전하니
유대인에게는
거리끼는 것이요
이방인에게는
미련한 것으로되

고전 2:2 내가 너희 중에서
1) 예수 그리스도와
2) 십자가에 못 박히신 것
외에는 아무 것도 알지 아니
하기로 작정하였음이라

의인을 위하여 죽는 자가 쉽지 않고 선인을 위하여 용감히 죽는 자가
혹 있거니와 우리가 죄인 되었을 때, 원수 되었을 때에 무슨 일?

⑪ 여호와께서 내게 주신 모든 은혜를 무엇으로 보답할꼬 내가 구원의 잔을 들고 여호와의 이름을 부르며

시116:11-13
내가 놀라서 이르기를

모든 사람이
거짓말쟁이라 하였도다

마15:8 (주님은, 사29:13)
이 백성이
입술로는 나를 공경하되
(주여, 주여!)
마음은 내게서 멀도다

⑫ 이해할 수 없는 말씀을 하신 주님이시다 주님의 의도가 무엇일까?

막7:25 한 여자
예수님 발 아래에 엎드리어

막7:26 딸에게서
귀신 쫓아내 주시기를
간구하거늘
(그 여자는 이방인이었다)

막7:27 예수님
자녀의 떡을 취하여

개들에게 던짐이
마땅치 아니하니라

⑬ 주님은 언약 밖의 이방인을 언약 안으로 인도하셨다는 깨달음이다

막7:28 여자(나였다면?)
주여 옳소이다 마는
상 아래 개들도 아이들이
먹던 부스러기를
먹나이다

* 무엇을 알고 믿은 것입니까?
요4:22 구원이 유대인에게
예수=그리스도이심

이 말을 하였으니
돌아가라
귀신이 딸에게서 나갔느니라

⑭ 하나님은 믿음의 조상 아브라함에게 이렇게 언약하셨다

레23:22 곡물을 벨 때에 밭
모퉁이까지 다 베지 말며
떨어진 것을 줍지 말고
거류민(이방인)을 위하여
남겨두라

창22:18 네 씨로 말미암아
천하 만민이 복을 받으리니
부스러기를 먹나이다

* 라합, 룻, 우리들을 위해서요

⑮ 이 사건의 문맥을 주목하시라 어떤 결론(結論)에 이르게 되었는가?

막7:5 바리새인, 서기관
부정한 손으로 떡을
먹나이까?

막7:25 더러운 귀신 들린 딸을 둔
한 여자가
등장하는 문맥이다.

* 가장 경건하고
거룩한 자로 자부하던
바리새인들과
서기관들이
언약 밖에
'개들'이 되고,
개 취급을 받던
이방 여인이 "자녀"가
되었다는 것이다.

⑯ 털 깎는 자 앞에서 잠잠한 양 같이 침묵하시던 주님

막14:61-62

잠잠하고 아무 대답도 아니하시거늘
1) 대제사장 네가 찬송 받을 이의
아들 그리스도냐?
2) 내가 그니라
3) 인자가 권능자의 우편에 앉은 것과
4) 하늘 구름을 타고 오는 것을
너희가 보리라

막15:2

네가 유대인의 왕이냐
5) 네 말이 옳도다

딤전6:13 빌라도를 향하여
선한 증언을 하신
그리스도 예수

⑰ **결론 : 우리는 무엇을 말하고 무엇에는 침묵하고 있는가?**
입을 벌려 복음의 비밀을 담대히 증언하라 하신다

막1:1   하나님의 아들 예수 그리스도의   <u>복음의 시작이라</u>

막16:15 너희는 온 천하에 다니며 ⋯   <u>만민에게 복음을 전파하라</u>
막10:45 우리 죄를 위한   대속제물이 되셨다
막15:38 죄로 막혔던 휘장을 찢으심으로   구원의 문을 여셨다
막16:6   부활하사 첫 열매가 되심으로   부활의 문을 여셨다
막14:62 하나님 우편에 앉아 계신다   심판 주로 재림하신다

You(도순)Tube

193강

누가복음

한 번에 설교하기

①

눅1:1　우리 중에 이루어진
　　　　사실에 대하여
　　　　(구약의 언약, 예언이
　　　　성취되었다는 것이
　　　　신약의 증언이다.)
1) 모든 일을 근원(根源)부터
　　자세히 살핀 나도(3:38)
2) 차례대로 써 보내는 것이
　　좋은 줄 알았노니(1:3)

눅1:4　이는 각하(성도)가
　　　　알고 있는 바를 더
　　　　확실하게 하려 함이로라

---

②

부활하신 주님은 말씀하신다.

1) 모세의 율법, 선지자, 시편에
　　(구약성경에)
2) 나를 가리켜 기록된
　　모든 것이
　　이루어져야 하리라
네 가지 요점

눅24:46-48
① 그리스도가
② 고난을 받고 (죽으셨다가)
③ 살아날 것(부활)이
④ (성경에 기록된 대로 성취)
* 그의 이름으로
　　죄 사함을 받게 하는 회개가
* 너희는 이 모든 일의 증인이라

---

③

창2:1
천지와 만물이
다 이루니라

요19:30
예수께서 "다 이루었다"

계21:6
이루었도다 나는 알파와 오메가요 처음과 나중

---

④

창3:24　하나님이
　　　　(아담을) 쫓아내시고
　　　　(백성을 잃어버리신 하나님)

눅19:10　인자가 온 것은
　　　　잃어버린 자를 찾아
　　　　구원하려 함이니라

눅15장　잃은 양, 드라크마
　　　　탕자 아들

그 잃은 것을 찾아내기까지
찾아다니지 아니하겠느냐
잃어버림(일곱 번), 찾으심(여덟 번)

❺

허물과 죄로 죽었던 형제가 거듭나고
찾은 바 되던 날 하늘에서 이런 일이 있었다

눅15:22　제일 좋은 옷을
　　　　　내어다가 입히고
　　　　　손에 가락지를 끼우고
　　　　　발에 신을 신기라

* 우리는 지옥만 면한 것이
　아니다. 하나님의 자녀로
　받아주셨다.

❻

누가복음서의 두 주제도(기록목적) 동일하다
잃어버린 자를 찾기 위해서는 대속이 필요하기 때문이죠

눅9:20　예수께서, 너희는 나를 누구라 하느냐
　　　　　베드로가, 하나님의 그리스도시니이다

두 주제만 믿으면
구원을 얻을 수 있나!?

눅9:22　인자가 많은 고난을 받고, 죽임을 당하고
　　　　　제삼일에 살아나야 하리라
　　　　　(대속제물이 되기 위해 오셨다.)

❼

누가는 그리스도를 인자(스물 여섯 번)로 증언한다
假現說=Gnosticism, 신성부인= Ebionism

하나님의 아들이 왜 인자로
오셔야만 했는가?

눅1:68　찬송하리로다
　　　　　하나님이여
　　　　　그 백성을 돌보사
　　　　　속량하시며

요일4:3　그리스도께서
　　　　　육체(인자)로
　　　　　오신 것을 부인하는 자가
　　　　　적그리스도의 영이니

* 대신 죽으셨다는 대속교리를
　부인하는 것이 되기 때문이다.

❽

9장의 문맥과 눅9:51을
꽉 붙잡고 놓치지 말라

눅9:51　예수께서 승천하실
　　　　　기약이 차가매
　　　　　예루살렘을 향하여
　　　　　올라가기로 굳게
　　　　　결심하시고
　　　　　십자가를 지시기
　　　　　위해서죠.

⑨ 누가복음을 설교할 때에 놓쳐서는 아니 될 것은 예루살렘으로 올라가시는 주님의 발걸음이다

눅9:51 예루살렘을 향하여
올라가기로
굳게 결심하시고(출발)

* 누가는 주님의 발걸음을
놓치지 않고 따라갑니다
(9:53, 13:22, 33, 17:11,
18:31, 19:11, 28, 41)

눅22:1 유월절이라

눅22:15 내가 고난을 받기 전에
너희와 함께
유월절 먹기를
원하고 원하였노라

히9:10 개혁할 때까지

⑩ 예루살렘으로 올라가시면서 하신 말씀이다 강한 자와 더 강한 자의 구속사적인 의미가 무엇인가?

눅11:21 강한 자가 무장을 하고
자기 집을 지킬 때에는
그 소유가 안전하되

눅11:22 더 강한 자가 와서

사53:2 연한 순 같고(임마누엘)

그를 굴복시킬 때에는 그가 믿던 무장을 빼앗고
그의 재물을 나누느니라(십자가 부활하심으로)

⑪ 골2:15 십자가로 이기셨다고 증언한다 그러면 증인들의 승리의 비결은 무엇인가?

히2:14 죽음을 통하여
죽음의 세력을 잡은 자
곧 마귀를 멸하시며

요일3:8 하나님의 아들이
나타나신 것은 마귀의 일을
멸하려 하심이라

계12:11 우리 형제들이
1) 어린양의 피와
2) 자기들이 증언하는
말씀으로써 그를
이겼으니

⑫ 이렇게 승리하신 것은 예언의 성취였다 십자가복음을 통해서 세워지는 하나님의 나라

사49:24 용사가 빼앗은 것을
어떻게 도로 빼앗으며
어떻게 건져낼 수 있으랴

사49:25 용사의 포로도
빼앗을 것이요
건져낼 것이니

네 자녀를
내가 구원할 것임이라

⑬ 요나의 표적 밖에는 보일 표적이 없나니
증인들이 굳세게 증언해야 할 표적이다

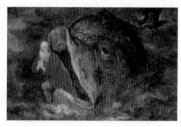

행17:31 천하를 공의로
심판할 날을 작정하시고
그를 죽은 자 가운데서
다시 살리신 것으로
모든 사람에게 믿을 만한
증거를 주셨음이니라

눅11:30 요나가 니느웨 사람들에게
표적이 됨과 같이
인자도 이 세대에 그러하리라

⑭ 이 말씀은 십자가를 지기 위해 예루살렘으로
올라가시면서 하신 말씀이라는 점을 명심하라

눅12:35 허리에 띠를 띠고 등불을
켜고 서 있으라

눅12:36 너희는 마치 그 주인이
혼인 집에서 돌아와
문을 두드리면
곧 열어 주려고 기다리는
사람과 같이 되라

눅12:40 그러므로 너희도
준비하고 있으라
생각하지 않은 때에
인자가 오리라

⑮ 지혜 있고 진실한 청지기가 되어…
이 말씀은 목회자에게 하신 말씀이다

눅12:42 주인에게 그 집 종들을
맡아 때를 따라
양식을 나누어 줄 자가
누구냐

눅12:43 주인이 이를 때에
그 종이 그렇게 하는 것을
보면 복이 있으리로다

눅12:45 만일 그 종이
주인이 더디 오리라
생각하고

눅12:46 생각하지 않은 날 이르러
신실하지 아니한 자의
받는 벌에 처하리니

⑯ (출19:12) (시내산)경계를 침범하지 말지니
침범하는 자는 반드시 죽임을 당할 것이라 그런데…

눅19:2
삭개오 세리장, 부자라

삭개오야 속히 내려오라
내가 오늘 네 집에 유하여야 하겠다
죄인의 집에 유하러 들어갔도다

눅19:1 예수께서 여리고로
지나가시더라
(passing through, 經過)

눅19:28 예수께서
예루살렘을 향하여
앞서서 가시더라
(잃어버린 자를 찾기 위해)

좁은 문으로 들어가기를 힘쓰라
너희에게 이르노니
들어가기를 구하여도
못하는 자가 많으리라

눅18:1 기도하고
낙심하지 말아야 할 것을
비유로 말씀하여
그러나 인자가 올 때에
세상에서 믿음을
보겠느냐

(9:26, 10:35, 12:36,
40, 43, 18:8) 재림강조

눅24:25-27
선지자들이 말한 모든 것을
마음에 더디 믿는 자들이여
모든 성경에 쓴 바 자기에 관한
것을 자세히 설명하시니라

눅24:31-33
그들의 눈이 밝아졌다
마음이 뜨거워졌다

곧 그 때로 일어나
예루살렘으로 돌아갔다

You(도순)Tube

194강

요한복음

요한복음은 무엇을 증언하고 있는가?

❶

요한복음은 기록목적을 분명히 밝히고 있다
예수님이 누구신가? 무엇을 행해주셨는가?

요20:30-31
예수께서 다른 표적도 많이 행하셨으나
<u>오직 이것을 기록함은</u>

1) 너희로 예수께서 하나님의
   <u>아들 그리스도이심을 믿게 하려 함이요</u>

2) 또 너희로 믿고 그 이름을 힘입어 생명을
   얻게 하려 함이니라

❷

① 첫째 주제 : 예수님이 누구신가?
형제를 위해 대신 죽어주신 분이 어떤 분이신지 확신

요1:1 태초에 말씀이 계시니라,
          <u>말씀은 곧 하나님이시니라</u>

요1:14   말씀이 육신이 되어
                     우리 가운데 거하시매
                     우리가 그의 영광을 보니

아버지의 독생자의 영광이요

요1:18   본래 하나님을 본 사람이 없으되

독생하신 하나님이 나타내셨느니라

❸

요한복음은 예수가 누구신가를
증언하는데 강조점을 두고 있다

요4:10 네게 물 좀 달라 하는 이가
           <u>누구인 줄 알았더라면?</u>
           네가 그에게 구하였을
           것이요 그가 생수를
           네게 주었으리라

요5:12 너에게 자리를 들고 걸어
           가라 한 <u>사람이 누구냐?</u>

요9:17 그 사람이
           네 눈을 뜨게 하였으니
           <u>너는 그를 어떠한</u>
           <u>사람이라 하느냐?</u>

요12:34 너는 어찌하여 인자가
            들려야 하리라 하느냐
            <u>이 인자는 누구냐?</u>

❹

② 둘째 주제 : 이러한 독생하신 하나님께서
우리를 위해서 무엇을 행해 주셨는가?

세례 요한은

요1:29 <u>세상 죄를 지고 가는</u>
           <u>하나님의 어린양이로다</u>

레16:21 아론은 염소의 머리에
            안수하여 이스라엘
            자손의 모든 불의와
            그 범한 모든 죄를 아뢰고
            <u>광야로 보낼지니</u>
            <u>이 예표에 근거한 증언이다</u>

❺

요한복음은 주님의 "때"에 초점(焦點)을 맞추고 있다(마태, 마가, 누가는?)

가나 혼인 잔치(포도주)

요2:4   내 때가 아직 이르지 아니하였나이다

요7:6   내 때는 아직 이르지 아니하였거니와

요8:20   잡는 사람이 없으니 이는 그의 때가 아직 이르지 아니하였음이러라

---

❻

이 때를 강조하는 의도가 무엇인가? 정하신 때에 무슨 일이 일어났는지 아는가?

요12:27   이 때를 면하게 하여 주옵소서

요12:27   그러나 내가 이를 위하여 이 때에 왔나이다

요13:1   유월절, 아버지께로 돌아가실 때가 이른 줄 아시고

---

❼

이 때는 우리의 구원을 이루신 때이다

요12:23   인자가 영광을 얻을 때가 왔도다
요17:1   아버지여 때가 이르렀사오니   요19:30   다 이루었다!

---

❽

피를 먹지 말라 금하신 말씀을 아시죠? 하나님의 마음을 알게 된 형제의 마음은 어떠한가?

레17:12   (하나님은) 아무도 피를 먹지 말라고 엄금하셨지요!!

요6:54   내 살을 먹으라 내 피를 마시라

그래야 살 수 있다 하신다

레17:11   내가 이 피를
1) 너희에게 주어
2) 속죄하게 하였나니

히10:4   이는 황소와 염소의 피가 능히 죄를 없이 하지 못함이라

**⑨ 주님의 최대의 설교, 요한복음에만 있다
가버나움 회당에서 하신 설교이다**

요6:59　　이 말씀은 예수께서 가버나움 회당에서
　　　　　가르치실 때에 하셨느니라

**⑩ 가버나움 설교 (6:24-59)중에는
"내 피를 마시라" 네 번, "영생이 있다" 열 한 번 등장**

요6:53　진실로 진실로 너희에게
　　　　이르노니
　　　　1) 인자의 살을 먹지 아니하고
　　　　2) 인자의 피를 마시지 아니하면
　　　　3)너희 속에 생명이 없느니라

요6:54　내 살을 먹고 내 피를 마시는 자는
　　　　영생을 가졌고 살을 먹고
　　　　피를 마시는 비결은?

**⑪ 그러므로 6장에는 "하늘에서 내려왔다"는 점이
38, 41, 50, 51, 58 강조되어 있다**

요6:38　내가
　　　　하늘에서 내려온 것은

요6:50　이는 하늘에서
　　　　내려오는 떡이니

요6:51　나는 하늘에서 내려온 살
　　　　아 있는 떡이니 사람이 이
　　　　떡을 먹으면 영생하리라

요6:58　이것은 하늘에서 내려온
　　　　떡이니
　　　　(거듭 거듭 강조하신다)

⑫ 주님의 최고 최대의 설교에 대한 반응

요6:66-67
그 때부터 제자 중에서
많은 사람이 떠나가고
<u>너희도 가려느냐</u>

요6:68
영생의 말씀이 주께 있사오니
우리가 누구에게로 가오리이까

요6:65
내 아버지께서 오게
하여 주지 아니하시면
누구든지 내게 올 수 없다 하였노라

⑬ 이성주의자들은 두 가지에 걸림이 되었다
이전에 있던 곳으로 올라가는 것을 본다면 어떻게 하겠느냐

요6:42
이는
요셉의 아들 예수가 아니냐
그 부모를 우리가 아는데
자기가 지금

1) 어찌하여 하늘에서
   내려왔다 하느냐

요6:52
그러므로
유대인들이
서로 다투어 이르되
이 사람이 어찌 능히

2) 자기 살을 우리에게 주어
   먹게 하겠느냐

⑭ 일곱 번의 표적과 일곱 번의 자기선언

1) 요6:35   나는 **생명의 떡**
2) 요9:5   내가 **세상의 빛**
3) 요10:9   내가 **문이다**
4) 요10:11 나는 **선한 목자**
5) 요11:25 나는 **부활이요, 생명이다**
6) 요14:6   내가 **길이요 진리요 생명**
7) 요15:5   내가 **참 포도나무요**
            너희는 가지라

⑮ 요한복음에는 스물 다섯 번의 진실로 진실로가 있다
Verily, verily, I say unto thee (kjv)

요3:3
진실로 진실로 네게
이르노니 사람이
거듭나지 아니하면

요5:24
진실로 진실로
너희에게 이르노니
내 말을 듣고 또 나
보내신 이를 믿는 자는
영생을 얻었고
심판에 이르지 아니하나니

⑯ 결론적인 마지막 도전이다
증인들이 행할 최대의 설교가 무엇인가?

요12:27 내가 이를 위하여
            이 때에 왔나이다

요20:21 아버지께서
            나를 보내신 것 같이
            나도 너희를 보내노라

* 무엇을 위해 보냄을 받았는가

요한복음의 마지막 말씀은

요21:17 (네가 나를 믿느냐)가 아닌
            네가 나를 사랑하느냐

요21:22 너는 나를 따르라
            You follow Me
            你跟从我吧

You(도순)Tube

195강

복음서 Epilogue
오늘의 설교 무엇이 문제인가?

❶

여러분에게 묻고 싶다
공감하면 O, 아니면 X

창세기가 없다면 복음의 시작(始作)이 없고
복음서가 없다면 복음의 성취(成就)가 없고
계시록이 없다면 복음의 완성(完成)이 없다.

창3:15(내가 … 하리라) … 계21:6(다 이루었도다)
신구약성경은 1편의 구원계획이다.

복음서는 복음의 시작이라 … 다 이루었다는 1편의 복음이다.

예수가 누구신가? 우리를 위해 무엇을 행해주셨는가?
그러므로 두 주제를 분리하면 복음이 사라진다.

선택한 본문은 단편(斷片)이 아닌 구속사의 선상에 있는 말씀이다.

❷

오늘의 설교 무엇이 문제인가?
창3:15, 내가…하리라 ➡ 계21:6, 이루었도다

창세기　　**구속사의 선상에 있는 본문 ➡**　　계시록

창3:15 내가 … 여자의 후손은 네 머리를 상하게 할 것이요

⬇

계21:6 이루었도다 나는 알파와 오메가요 처음과 마지막이라
성경은 한편의 구원계획이다.

성경을 보는 눈

❸

성경은 점(點)들의 모임이 아니라 선(線)이다

구속호

계시록 …………………… 창세기

창세기 역을 출발해서
계시록 역을 향해 달려간다

구원계획의 일관성 · 통일성 · 점진성

❹

오늘의 설교 무엇이 문제인가? (두 가지 요점)
① 성경을 단편(斷片)적으로 취급한다

① 성경이 교훈집이 되고 만다
② 위인전기로 둔갑한다
③ 인문학　　④ 심리학
⑤ 자기계발　　⑥ 교양강좌

발전기를 분해해 보라
핸드폰을 분해해 보라
왜 성경을 끊어진 말씀으로

* 결과 : 교회는 복음의 능력을 잃어
버리고, 종교다원주의 자유주의
신학이 기생하게 되었다

현대교회 설교 무엇이 문제인가?
② 복음이 없다 (로이드 존스, 존 스토트, 그리스도의 십자가에서)

* 1929년 남 웨일즈에서 목회
  설교를 들은 어느 성도로부터
  '당신의 설교에는 복음이 없다'는
  충격적인 지적을 받음

* 고서점 주인에게
  두 권의 책을 추천받음
  1. 데일(1875)
  2. 제임스 데니(1903)

* 침식을 전폐하고 탐독
  이럴 경우 의사를 불러야 할지
  말아야 할지 고민

고전2:2　내가 너희 중에서 예수
　　　　그리스도와 그가 십자가에
　　　　못 박히신 것 외에는
　　　　아무 것도 알지 아니
　　　　하기로 작정하였음이라

---

❻

(롬8:35) 누가 우리를 그리스도의 사랑에서 끊으리요
(롬8:39) 하나님의 사랑에서 끊을 수 없으리라

마1:1　아브라함과 다윗의 자손
　　　　예수 그리스도의
　　　　계보(系譜)라
* 계보를 알기 위해서는?

눅19:10　인자가 온 것은 잃어버린
　　　　자를 찾아 구원하려
　　　　함이니라
* 잃어버린 자를 알기 위해서는?

마20:28　인자가 온 것은
　　　　대속물로
　　　　주려 함이니라
* 대속물의 뜻을 알기 위해서는?

마27:51　이에 성소 휘장이 찢어져
　　　　둘이 되고
* 휘장의 의미를 알기 위해서는?
　　　　(참고, 엡3:19)

---

❼

Q : 매 주일 십자가 복음만 전하라는 말이냐
이 여인은 그 후 어떤 삶을 살았을까요?

요8:3　간음한 여인
　　　　나도 너를 정죄하지
　　　　아니하노니

* 나와 너가 누구인지,
  정죄하지 않는 것이 어떻게
  가능해졌는지?

롬8:3　자기 아들을 죄 있는 육신
　　　　의 모양으로 보내어
➡　　　육신에 죄를 정하사

---

❽

삭개오의 기사도 전하라
그 후 삭개오는 어떤 삶을 살았을까요?

눅19:5　삭개오야 속히 내려오라
내가　오늘
네　집에 유하여야 하겠다

* 단, 죄인의 집에 유하시는 것이
  어떻게 가능한가를 증언하라

눅19:10　인자가 온 것은
　　　　잃어버린 자를 찾아
　　　　구원하려 함이니라

눅19:8　보시옵소서
　　　　내 소유의 절반을 가난한
　　　　자들에게 주겠사오며

❾

오병이어
오천 명이 다 배불리 먹고
열 두 바구니

요6:54 내 살을 먹고 내 피를
마시는 자는
영생을 가졌고(신학)

막8:3 만일 내가 그들을 굶겨
집으로 보내면 길에서
기진하리라(긍휼)
그 중에는 멀리서 온
사람들도 있느니라

❿

요11:43 큰 소리로
나사로야 나오라

요11:25 예수께서 이르시되
나는 부활이요 생명이니
나를 믿는 자는
죽어도 살겠고

롬1:16 이 복음은 모든 믿는 자에게
구원을 주시는
하나님의 능력이 됨이라
(어느 능력이 큰가?)

⓫

주여 구원하소서
우리가 죽겠나이다
바람과 바다를 꾸짖으시니
아주 잔잔하게 되거늘

마8:27 이분이
어떠한 사람이기에
바람과 바다도 순종하는가

요15:13 (형제를) 위하여
자기 목숨을 버리신 분!

롬8:32 자기 아들을 아끼지
아니하시고 (형제를)
위하여 내주신 하나님!!

⓬

롬5:5
우리에게 주신 성령으로 말미암아
하나님의 사랑이
우리 마음에 부은 바 됨이니

고후5:14
그리스도의 사랑이 우리를 강권하시는도다

복음이 이끄는 삶이 성화이기 때문이다.

⑬ 서신서의 권면하는 근거를 보라
왜냐하면···그러므로 형제들아

롬12:1 그러므로 형제들아

엡4:1 그러므로

1) 너희를 권하노니
   너희 몸을
   하나님이 기뻐하시는
   거룩한 산 제물(祭物)로 드리라

2) 내가 너희를 권하노니
   너희가
   부르심을 받은 일에
   합당(合當)하게 행하여

⑭ 교훈은 다른 종교에도 많이 있다
이렇게 권면하는 것이 다른 종교와 다른 점이다

롬14:15 만일 음식으로 말미암아
네 형제가 근심하게 되면

그리스도께서 대신 하여
죽으신 형제를
네 음식으로 망하게 하지 말라

* 이는 네가 사랑으로 행하지
아니함이라 (지식으로 행했다)

롬14:20 음식으로 하나님의 사업을
무너지게 하지 말라

⑮ 그리스도인은 성 삼위 하나님의 작품이다
성 삼위 하나님의 사랑에 죄를 범하는 것이다

롬2:24 하나님의 이름이
너희 때문에 이방인 중에서
모독(冒瀆)을 받는도다

엡5:10 주를 기쁘시게 할 것이
무엇인가 시험하여 보라

엡4:30 하나님의 성령을
근심하게 하지 말라

마5:16 너희 착한 행실을 보고
하늘에 계신 너희 아버지께
영광을 돌리게 하라

⑯ 종교개혁은 계속적인 갱신이다

You(도순)Tube

196강

사도행전 1
특명, 복음으로 세계를 정복하라

❶

여호와께 물으라(Darash)
여러분도 자문자답해 보기 바란다

1) 사도행전의 중심주제가 무엇입니까?
2) 사도행전의 핵심이 무엇입니까?
3) 사도행전이 구약의 어느 성경과 상통합니까?
4) 부활하신 주님의 40일 사역을 알고싶다.
5) 사도행전을 통해서 성령께서 교회들에게 하시고자 하는 말씀이 무엇입니까? (다섯 가지 요점)
6) 강림하신 성령께서는 복음을 어떤 방도로 증언하셨습니까?
   (두 가지 요점)
7) 사도행전에 등장하는 3교회의 사명이 무엇입니까?

❷

1) 사도행전의 중심주제가 무엇인가?
(행1:8) 땅 끝까지 이르러 내 증인이 되리라

❸

2) 사도행전의 핵심이 무엇인가?
'하나님의 나라'로 시작해서 '하나님의 나라'로 마치는 사도행전

행1:3   40일 동안 그들에게 보이시며 하나님 나라의 일을 말씀하시니라
행8:12 빌립이 하나님 나라와 및 예수 그리스도의 이름에 관하여 전도함을 그들이 믿고
행14:22 우리가 하나님의 나라에 들어가려면 많은 환난을 겪어야 할 것이라
행19:8 바울이 회당에서 담대히 하나님 나라에 관하여 강론하며 권면하되
행20:25 내가 여러분 중에 왕래하며 하나님의 나라를 전파하였으나
행28:23 바울이 아침부터 저녁까지 강론하여 하나님의 나라를 증언하고
행28:31 하나님의 나라를 전파하며 주 예수 그리스도에 관한 모든 것을 담대하게 거침없이 가르치더라 (일곱 번 등장)

❹

하나님의 나라는 어떤 방도로 세워질 것이 예언?
신상의 네 나라 : 바벨론 · 바사 · 헬라 · 로마(발의 나라)

단2:44   여러 왕들 시대
         하늘의 하나님이

단2:34   손대지아니한 돌이 나와서
         신상의 쇠와 진흙의 발을
         쳐서 부서뜨리매 (로마당시)

단2:35   우상을 친 돌은 태산을
         이루어 온 세계에
         가득하였나이다

한 나라를 세우시리니

* 사도행전에서 성취되고 있다

❺

3) 사도행전이 구약의 어느 성경과 상통한가?
전투하는 교회인 여호수아서이다

행1:8 너희는 땅 끝까지
　　　　 이르러 (가라)
　　　　 내 증인이 되리라

마28:19 너희는 가서
　　　　 모든 민족을 제자로 삼으라 ←――――→

수1:2 너는 일어나
　　　　 내가 그들에게 주는
　　　　 그 땅으로 가라(정복)

---

❻

4) 부활하신 주님의 40일 사역이 무엇인가?
열 한 사도에게

눅24:44 모세의 율법, 선지자,
　　　　 시편에 나를 가리켜
　　　　 기록된 모든 것이
　　　　 이루어져야 하리라

행1:3 확실한 많은 증거로
　　　　 살아 계심을 나타내사
　　　　 40일 동안
하나님 나라의 일을 말씀하셨다.

눅24:45 마음을 열어 성경을
　　　　 깨닫게 하심

---

❼

부활하신 주님의 40일 사역
엠마오 도상의 두 제자에게

엠마오의 두 제자

눅24:25 미련하고 선지자들이
　　　　 말한 모든 것을 마음에
　　　　 더디 믿는 자들이여

눅24:26 그리스도가 이런 고난을
　　　　 받고 자기의 영광에
　　　　 들어가야 할 것이 아니냐

눅24:27 이에 모세와 모든 선지자의
　　　　 글로 시작하여
　　　　 모든 성경에 쓴 바
　　　　 자기에 관한 것을 자세히
　　　　 설명하시니라

---

❽

증인들과 증언의 놀라운 변화

[베드로]

행2:23 하나님께서 정하신
　　　　 뜻과 미리 아신 대로
　　　　 내준 바 되었거늘
　　　　 너희가 못 박아 죽였으나

행2:24 하나님께서 살리셨으니
　　　　 (40일 전에 세 번 부인하던 자)

행3:18 하나님이
　　　　 모든 선지자의
　　　　 입을 통하여
　　　　 미리 알게 하신 것을
　　　　 이와 같이 이루셨느니라

❾

5) 성령께서 사도행전을 통해서 교회들에게 말씀하시려는 바가 무엇인가? (다섯 가지 요점)

행1:15 1) 120명, 적은 무리여 무서워 말라(눅12:32)

행2:4 2) 성령의 충만함을 받고 성령이 말하게 하심을 따라 말하기를 시작 하니라

행1:8 3) 내 증인이 되리라

눅24:47 또 그의 이름으로 죄 사함 을 받게 하는 회개가

4) 예루살렘에서 시작하여

행28:31 5) (로마에서) 담대하게 거침없이 가르쳤다는 점이다. 우리를 각성하게 하고 용기를 준다.

---

❿

(고전1:28) 세상의 천한 것들과 멸시 받는 것들과 없는 소수들을 택하사

요20:19 제자들이 유대인들을 두려워하여 모인 곳의 문들을 닫았더니

행1:13 다락방으로 올라가니 베드로, 요한, 야고보, 안드레와 빌립, 도마와 바돌로매, 마태와 및 알패오의 아들 야고보, 셀롯인 시몬, 야고보의 아들 유다가 다 거기 있어(열 한명의 이름)

행1:15 모인 무리의 수가 약 120명이나 되더라

⓫

하나님의 구원계획이 사도행전에서 성취되기 시작한다

1) 아담 하와에게 생육하고 번성하여 땅에 충만하라

2) 땅을 정복하라 1:28

3) (노아) 생육하고 번성하여 땅에 충만하라 9:1

4) (아브라함) 네 자손이 이와 같으리라 15:5

요12:24 한 알의 밀이 땅에 떨어져 죽으면 많은 열매를 맺느니라

너희는 가서 제자삼으라

⓬

할례자의 사도 베드로(1-12장) 이방인의 사도 바울(13-28장)

은혜가 너희와 함께 있을찌어다

---

⑬ 6) 강림하신 성령께서는 어떤 방도로 그리스도를 증언하셨는가? (두 가지 요점)

행2:4   그들이 다
성령의 충만함을 받고
성령이
말하게 하심을 따라

성경을 들어

* 복음의 뿌리를 전해주어야
믿음의 뿌리가 견고해진다

행2:16   요엘서 2:28 성령
행2:25   다윗의 시16:10 부활
행2:34   다윗의 시110:1 승귀

⑭ (살전1:5) 복음이 말로만 이른 것이 아니라 능력과 성령과 큰 확신으로 된 것임이라

행13:4   (바울)   성령의
보내심을 받아

행17:2   성경을 가지고
강론하며

행17:3   뜻을 풀어 그리스도가
해를 받고 죽은 자 가운데서
다시 살아나야 할 것을
증언(증명)하고

증명 Paratithemi = 나란히 놓다

너희에게 전하는
예수가 그리스도라

⑮ 7) 사도행전에 등장하는 세 교회의 사명 ① 복음의 초석을 놓은 예루살렘교회(베드로 중심)

행2:4   성령이 말하게 하심
말하기를 시작하니라
* 전쟁이 시작되었다.

1) 예루살렘
2) 온 유대
3) 갈릴리
4) 사마리아   (6:7, 9:31)

⑯ 사도행전에 등장하는 세 교회의 사명 ② 이방 선교의 발상지 안디옥교회(바울중심)

행11:20   몇 사람이 안디옥에 이르러   헬라인에게도 주 예수를 전파하니

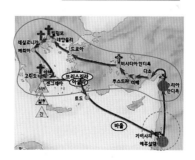

행 13:2   성령이(안디옥교회)
내가 불러
시키는 일을 위하여
바나바와 사울을
따로 세우라

⑰

③ 세계선교를 위한 거점 로마교회(바울을 보내심) 로마에서도 증언하여야 하리라(행 23:11)

⑱

로마에서 서바나(스페인)로의 사명

롬15:23 여러 해 전부터
서바나로 가기를
바라고 있었다.

롬15:24 먼저 너희와 사귐으로
얼마간 기쁨을 가진 후에

로마교회에게

**너희가 서바나로
보내주기를 바람이라**

⑲

사도행전을 통한 우리의 각성과 도전은 무엇인가?
…ing 진행형으로 마치는 사도행전

사도행전은 바울이 로마에서
　　　"하나님의 나라를 전파하며 주 예수 그리스도에 관한 모든 것을
　　　담대하게 거침없이 가르치더라"(31)는
　　　미완의 진행형으로 마치고 있다는 점이다.

바울이 당시의 세계중심인 로마에서
　　　"담대하게 거침없이" 증언하기 시작한 "복음의 바통"을
　　　이어받아 "땅 끝까지 이르러 내 증인이 되라" 하신 이에
　　　응답할 자가 누군가?

⑳

내가 누구를 보내며 누가 우리를 위하여 갈꼬

You(도순)Tube

197강

사도행전 2

증인들이 증언한 내용이 무엇인가?

❶

성령께서 증인들을 통해 증언한 내용이 무엇인가?
부활하신 주님의 지상명령을 명심하라

눅24:44-48

내가 **말한 바** 모세의 율법과
선지자의 글과 시편에
　① 나를 가리켜 기록된 모든 것
　② 이루어져야 하리라
한 말이 이것이라

1) 그리스도가
2) 고난을 받을 것
3) 죽은 자 가운데서 살아날 것
4) 기록된 대로 성취되었다는것
5) 그의 이름으로
　　죄 사함을 받게 되었다는 것
　　너희는 이 모든 일의 증인이라

`성경, 이것이 이루어지지 않았다면?`　　`증인, 증언에서 이것이 빠진다면?`

---

❷

이 성경이 곧 내게 대하여 증언하는 것이니라
성경을 이루셨다는 점을 증언했다

---

❸

예수님은 오살(誤殺)자냐?
우리의 대속제물이 되셨는가?

행3:17
형제들아 너희가
알지 못하여서 그리하였으며
* 자유주의 신학자의 주장

행3:18
그러나 하나님이

1) 선지자를 통하여
　그리스도께서
　고난 받으실 일을
　미리 알게 하신 것을
2) 이와 같이 이루셨느니라
　　(2:23 내준 바)

---

❹

하나님은 약속하신 바를
아들을 통해 이루어주셨다

[바울]

행13:32　조상들에게 주신 약속을
　　　　　　너희에게 전파하노니

행13:33-34 이 약속을 이루게 하셨다

　① (시2편) 너는 내 아들이라
　　　오늘 너를 낳았다
　② (시16편) 또 죽은 자 가운데서
　③ 그를 일으키사

❺

행26:22-23　하나님의 도우심을 받아 내가 오늘까지 증언하는 것은
선지자들과 모세가 반드시 되리라고 말한 것밖에 없으니

① 곧 그리스도가
② 고난을 받으실 것과 죽은 자 가운데서
③ 다시 살아나사 **이스라엘과**

이방인들에게 빛을 전하시리라

❻

요14:16-17

다른 보혜사를 **너희에게 주사**
1) 영원토록 너희와 함께
　 있게 하리니
　 그는 진리(眞理)의 영이라
2) 너희 속에 계시겠음이라

요15:26

진리(眞理)의 성령이 오실 때에
3) 나를 증언하실 것이요
4) 내가 떠나가는 것이
　 너희에게 유익이라

내가 떠나가지 아니하면 보혜사가
오시지 아니할 것이요(요16:7)

❼

왕하2:9
나를 네게서 데려감을 당하기 전에
구하라
당신의 성령이 하시는 역사가
갑절이나 내게 있게 하소서

왕하2:13
엘리야의 몸에서 떨어진 겉옷을
주워 가지고 돌아와

왕하2:15
제자들, 엘리야의 성령이 엘리사 위에
머물렀다 땅에 엎드려 경배하고

❽

2) 누구든지 주의 이름을 부르는 자
는 구원을 받으리라 하였느니라

행2:36-37
이스라엘 온 집은 확실히 알지니
3) 너희가 십자가에 못 박은
　 이 예수를
4) 하나님이 주와 그리스도가
　 되게 하셨느니라

* 형제들아 우리가 어찌 할꼬
　 (슥12:10 은총과 간구하는 심령)

❾

② 성령의 감동으로 기록하게 하신 성경을 주셨다
사도행전에 성령(현 두 번), 성경(일곱 번) 등장한다

행1:8
오직 성령이 너희에게 임하시면
내 증인이 되리라
(성령을 주셨다.)

벧전1:21
성령의 감동하심을 받은 사람들이
하나님께 받아 말한
(증인들에게 성경을 주셨다.)

살전1:5
복음이 말로만 이른 것이 아니라
능력과 성령과 큰 확신으로

❿

수제자를 이방 선교의 선구자로 세우신 주 성령
주 성령의 용의주도한 섭리하심이다

행10:28
(고넬료) 하나님께서 내게 속되다
하거나 깨끗하지 않다 하지 말라

행10:29
부름을 사양하지 아니하고 왔노라
묻노니 무슨 일로 나를 불렀느냐

행10:33
오셨으니 잘하였나이다
이제 우리는 주께서 당신에게
명하신 모든 것을 듣고자 하여
다 하나님 앞에 있나이다

⓫

베드로가 고넬료에게 보냄을 받아 증언한
네 가지 요점을 주목하라

① 나무에 달아 죽였으나
　 하나님이 사흘 만에

② 다시 살리사 나타내셨다
　 (행10:39-40)

행10:42
우리에게 명하시기를
산 자와 죽은 자의
③ 재판장으로 정하신 자 곧
　 이 사람인 것을 증언하라 하셨다

⓬

베드로와 함께 온 할례 받은 신자들
이방인들에게도 성령 부어 주심으로 놀라니

행10:43
그에 대하여
④ 선지자도 증언하되
　 (성경을 들어 입증함)
　 그를 믿는 자마다
　 죄 사함을 받는다 하였느니라

행10:44
베드로가 이 말을
할 때에 성령이 말씀 듣는
모든 사람에게 내려오시니

⑬ 초대교회가 가장 담대히 증언한 네 가지 요소
죽음심=부활, 승천=우편, 예수=그리스도, 재림=심판 주

행2:23 ① 죽였으나 살리셨다

행2:35 ② 너는 내 우편에
앉아 있으라 하셨도다

행17:31 ③ 천하를 공의로 심판할
날을 작정하시고

행2:36 그런즉 이스라엘 온 집은
확실히 알지니 너희가
십자가에 못 박은 이
④ 예수를 하나님이 주와
그리스도(결론)

(형제들아 우리가 어찌할꼬)

⑭ 복음은 감추어졌던 하나님의 비밀무기(폭탄)!
(엡6:19) 내게 말씀을 주사 입을 열어 복음의 비밀을 담대히

요16:33 담대하라
내가 세상을 이기었노라

골2:15 십자가로 그들을
이기셨느니라

히2:14 죽음을 통하여 죽음의
세력을 잡은 자 곧
마귀를 멸하시며

계12:11 또 우리 형제들이

1) 어린양의 피와
2) 자기들이 증언하는
말씀으로써
3) 그를 이겼으니
4) 그들은 죽기까지 자기들의
생명을 아끼지 아니하였도다

⑮ 다 함께 찬양

You(도순)Tube

198강

사도행전 3
사도행전과 사도의 사명

❶ 사도는 어떤 사람들인가?
사도의 자격과 사명

갈1:1 하나님 아버지로 말미암아
사도 된 바울은

요일1:1 눈으로 본 바요
우리의 손으로 만진 바라

행1:22 예수께서
부활하심을 목격한 사람

고전3:11 이 닦아 둔 것 외에
능히 다른 터를
닦아 둘 자가 없으니

골1:1 하나님의 뜻으로
말미암아 그리스도 예수의
사도 된 바울과
형제 디모데는

❷ 의심하는 도마에게 행하신 일이 재현되는가?
창립멤버인 사도의 터를 온전케 하셨다

요20:27 도마에게
1) 네 손가락을 이리 내밀어
내 손을 보고 네 손을
내밀어 내 옆구리에
넣어 보라
2) 그리하여 믿음 없는
자가 되지 말고
믿는 자가 되라

요20:28 도마가 대답하여 이르되
3) 나의 주님이시요 나의
하나님이시니이다

＊ 도마의 의심을 들어 사도의 터를
더욱 견고케 하셨다.
아시아 지방으로 보냄을 받은 도마

❸ (행8:4-5) 흩어진 사람들이 두루 다니며 복음을 전할새
빌립 집사가 사마리아 성에 내려가 전파하니

행8:6 빌립의 말도 듣고
행하는 표적도 보고

행8:12 하나님 나라와 및
예수 그리스도의
전도함을
믿고 남녀가
다 세례를 받으니

행8:14 예루살렘에 있는
사도들이 사마리아도
복음을 받았다 함을 듣고
① 베드로와 요한을 보내매

❹ 오늘날도 안수해야 성령을 받는가?

행8:16 이는 아직 한 사람에게도
② 성령 내리신 일이 없고
오직 주 예수의 이름으로
세례만 받을 뿐이더라

행8:17 이에 두 사도가
그들에게 안수(按手)하매
성령을 받는지라

❺

(전에는 바로에게 속했던 자들)

고전10:2 모세에게 속(屬)하여
구름과 바다에서
세례를 받고(홍해도하)

왕상12:16 (사마리아)
이스라엘아 너희의 장막으로
돌아가라 다윗이여 이제 너는
네 집이나 돌아보라(받아주심)

히6:2   세례와 안수
* 세례 — 사망에서 생명의
          진영으로 옮겨짐
* 안수 — 한 몸의 지체가 됨

---

❻

행10:13
베드로야 일어나 잡아 먹어라

행10:17-18
마침
1) 고넬료가 보낸 사람들이
   문 밖에 서서
2) 베드로라 하는 시몬이
   여기 유숙하느냐

* 이처럼 수제자를 강권적으로
  이방인에게 보내셨다

---

❼

행10:34-43
화평의 복음
① 나무에 달아 죽였으나
② 하나님이 살리셨다
③ 재판장으로 오신다
④ 선지자도 증언
⑤ 그의 이름을 힘입어
   죄 사함을 받는다

행10:44
베드로가 이 말을 할 때에 성령이
말씀 듣는 모든 사람에게 내려오시니

---

❽

행11:2   베드로가 예루살렘에
          올라갔을 때에
          할례자들이 비난하여

행11:3   네가 무할례자의 집에
          들어가 함께 먹었다

행11:17   내가 누구이기에
          하나님을 능히 막겠느냐

행15:9   그들이나 우리나
          차별하지 아니하셨다

① 엡2:18 우리 둘이
② 아버지께 나아감
   (언제?)
③ 성령 안에서
④ 그리스도로 말미암아

⑨

행18:24-26
알렉산드리아
아볼로 에베소에 이르니
① 이 사람은 언변이 좋고
② 성경에 능통한 자라
③ 그가 일찍이 주의 도를 배워
④ 열심으로
⑤ 예수에 관한 것을
　자세히 말하며 가르치나

1) 요한의 세례만 알 따름이라
2) 브리스길라와 아굴라가
　듣고 데려다가
　하나님의 도를
　더 정확하게 풀어 이르더라

⑩

행19:1-7　(바울) 에베소 어떤 제자들을 만나

　　1) 너희가 믿을 때에 성령을 받았느냐
　　2) 아니라 우리는 성령이 계심도 듣지 못하였노라
　　3) 바울이 그들에게 안수하매
　　　성령이 그들에게 임하시므로

　* 비로소 제자가 되고 형제가 된 것이다.

⑪

예수가 그리스도인 표적

요20:30 (복음서의 표적) 예수께서
　　이 책에 기록되지 아니한
　　다른 표적도 많이
　　행하셨으나
요20:31 오직 이것을 기록함은
　　너희로 ① 예수께서
　　하나님의 아들 그리스도
　　이심을 믿게 하려 함이요

부활하신 증거인 표적

행4:9　(앉은뱅이) 어떻게 구원
　　을 받았느냐고 오늘 우리
　　에게 질문한다면

행4:10　너희가 십자가에 못 박고
　　② 하나님이 죽은 자
　　가운데서 살리신 예수
　　그리스도의 이름으로

⑫

1. 출애굽 당시
2. 엘리야와 엘리사 시대
3. 주님 당시
4. 사도행전

마16:4　악하고 음란한 세대가 표적을 구하나
　　말씀을 믿지를 못하기 때문
요20:29　너는 나를 본 고로 믿느냐
　　보지 못하고 믿는 자들은 복되도다

⑬ 하나님이 기대하시는 믿음은
하나님의 약속의 말씀을 믿고 의뢰하고 의탁하는 것

합2:4 보라
의인은 그의 믿음으로
말미암아 살리라

3) 히10:38
나의 의인은 믿음으로
말미암아 살리라

1) 롬1:17
오직 의인은 믿음으로
말미암아 살리라

2) 갈3:11
이는 의인은 믿음으로 살리라

* 인류의 시조는 말씀을
믿지 않음으로 죽었다.
* 복음, 말씀을 믿음으로 살리라!

⑭ It's beginning

사도행전은

28:31
하나님의 나라를 전파하며
주 예수 그리스도에 관한 모든 것을
담대하게
거침없이
가르치더라(마침표)

"사도행전(Acts)은
오래 전에 완성되었다.
그러나 예수님을 따르는 자들의
행전(acts)은 세상 끝날까지
계속 될 것이며 그들의 말은
땅끝까지 퍼져 나갈 것이다."
- 존 스토트 -

⑮ 다 함께 찬양하자

측량 못할 은혜로 채우시며
늘 성령의 감화주사 큰 기쁨 중
주님을 증언토록 내 믿음을 도우시네

메마른 땅을 종일 걸어가도
나 피곤치 아니하며
저 위험한 곳 내가 이를 때면
큰 바위에 숨기시고
주 손으로 덮으시네

You(도순)Tube

199강

로마서 1

로마서의 중심주제와 핵심

❶

하나님은 로마서를 사용하셔서

* 성경 66권 중 로마서를 잃었다면 복음을 세울 수가 없었을 것이다.
  반면 65권을 잃었다 해도 로마서를 가졌다면 복음은 세워졌을 것이다.

1. 로마서를 통해 어거스틴을 부르셔서 펠라기우스 이단으로부터
   복음을 보수하게 하셨다.
2. 로마서를 마틴 루터에게 조명하심으로 종교개혁을 일으키게 하셨다.
3. 로마서를 통해서 요한 웨슬레를 회심하게 하셨다.

* 모든 성도 중에 지극히 작은 자보다 더 작은 저에게도 롬4:4-5절을
  조명해주셔서 복음에 미친 목사가 되게 하셨다.

❷

바울의 자기 소개
형제의 자기 소개는 무엇인가?

롬1:1
예수 그리스도의
① 종 바울은(doulos,전에는)
② 사도로 부르심을 받아
　(apostolos, 소명)
③ 하나님의 복음을 위하여
　택정함을 입었다(사명)

롬1:14-15
모든 사람에게
1) 다 내가 빚진 자라
→ 그러므로 나는 할 수 있는 대로
2) 로마에 있는 너희에게도
　복음 전하기를 원하노라
　(복음은 믿는 자에게
　　더욱 필요하다. But why?)

❸

하나님의 기이한 섭리, 하늘이 땅보다 높음 같이
내 길은 너희의 길보다 높으니라 (사55:9)

롬1:13
형제들아
1) 내가 여러 번 너희에게 가고자 한 것
2) 이는 너희 중에서도
　열매를 맺게 하려 함이라
3) 지금까지 길이 막혔도다

롬16:1
(로마서를 기록하여)
1) 내가 겐그레아
　교회의 일꾼으로 있는
2) 우리 자매 뵈뵈를
　너희에게 추천하노니

❹

로마서를 기록하게 된 동기

행20:3　(고린도에) 석 달 동안 있었다
행20:22 나는 성령에 매여 예루살렘으로 가는데

❺
로마서의 중심주제가 무엇인가?
Q : 복음서의 두 주제를 잊지 않고 있는가?

롬1:4
예수가 누구신가?

1) 부활하사 **능력으로**
   하나님의 아들로 선포되셨으니
2) 곧 우리 주 <u>예수 그리스도</u>시니라

* 예수 = <u>하나님의 아들</u>
   1:2,3, 5:10, 8:3,29,32

롬3:24-25
무엇을 행해주셨나?

1) 그리스도의 속량
2) 화목제물(祭物)이 되심
3) 아들의 죽으심(5:10)
   롬8:3, 32
4) 자기 아들에게 정죄하심
5) 자기 아들을 내주심

---

❻
핵심 : 예수 그리스도의 속량으로 무엇을 이루어주셨는가?
하나님의 의가 나타났다 = 공의(公義)냐? 칭의(稱義)냐?

롬1:17
복음에는
1) 하나님의 의가 나타나서

롬3:21
이제는 율법 외에
2) <u>하나님의 한 의가 나타났으니</u>

롬3:26
곧 이 때에
3) 자기의 의로우심을 <u>나타내사</u>
   자기도 의로우시며 공의 公義

   ↓
   <u>또한 예수 믿는 자를</u>
4) 의롭다 하려 하심이라
   (칭의)가 가능했죠 <u>핵심</u>

---

❼
하나님의 의가 왜 필요하게 되었는가?

고후6:14
의와 불법이
   <u>어찌 함께 하며</u>
빛과 어둠이
   <u>어찌 사귀며</u>

불법과 어둠이 된 시조가
의와 빛 앞에서 추방을 당했다.

롬3:20
(최대의 숙제??)
<u>율법의 행위로 그의 앞에</u>
의롭다 하심을 얻을 육체가 없나니

* 인간의 행위로 의롭다
   할 수 있는데도 하나님이
   마련해주신 것이 아니다.

---

❽
나타난 하나님의 의를 ① 어떻게 받을 수 있는가?
② 의롭다고 여겨주심이 어떻게 가능해졌는가?

롬3:22-24
예수 그리스도를
① <u>믿음으로 말미암아</u>
   (4:25절을 믿음으로)
   미치는 하나님의 의니

믿음 = 손과 같다
차별이 없느니라

② 그리스도 예수 안에 있는
   <u>속량으로 말미암아</u>

하나님의 은혜로
<u>값 없이 의롭다 하심을</u>
얻은 자 되었느니라

⑨ 유대인이 존경하는 아브라함(열두 번)과 다윗(세 번)은 어떻게 의롭다함을 받았는가?

롬4:1-3

그런즉 육신으로
1) 우리 조상인 아브라함이
   무엇을 얻었다 하리요
2) 아브라함이 하나님을 믿으매
   그것이 그에게
   의로 여겨진 바
   되었느니라

롬1:3

예수 그리스도
1) 육신으로는
   다윗의 혈통에서 나셨고
2) 일한 것이 없이
   하나님께 의로 여기심을 받는
   사람의 복에 대하여
   다윗이 말한 바(4:6)

⑩ (롬3:21) 하나님의 한 의가 나타났으니 율법과 선지자들에게 증거를 받은 것이라

창3:21

하나님이 아담과 아내를 위하여
① 가죽옷을 입혀주셨죠

슥3:4

그 더러운 옷을 벗기라
내가 네 죄악을 제거하여 버렸으니
② 아름다운 옷을 입히리라

③ 허물의 사함을 받고
   자신의 죄가 가려진 자는
   복이 있도다(시32:1)

④ 내 영혼이 나의 하나님으로
   말미암아 즐거워하리니 이는
   그가 구원의 옷을 내게 입히시며
   (사61:10)

⑪ 의롭다 함을 얻은 자가 누리게 되는 네 가지 축복

롬5:1

우리가 믿음으로
의롭다 하심을 받았으니

우리 주 예수 그리스도로 말미암아
① 하나님과 화평을 누리자

롬5:2

② 믿음으로 서 있는
③ 이 은혜에 들어감을 얻었으며
   (예배, 기도할 때 보좌 앞에)
④ 하나님의 영광을 바라고
   즐거워하느니라

⑫ 하나님의 복음, 아들의 복음이라 한다 그런데 의외로 나의 복음이라 한다니?

롬1:1 하나님의 복음

롬1:9 그의 아들의 복음

롬2:16 나의 복음

롬16:25 나의 복음과
예수 그리스도를 전파함은
영세 전부터 감추어졌다가

롬16:26 이제는 나타내신 바
되었으며

* 나의 복음=바울이 증언한 핵심

⑬

하나님의 공의를 자기 아들에게 나타내셔서
나 같은 죄인을 의롭다고 여겨주신, 나의 복음

시71:15 내가 측량할 수 없는 주의 공의와 구원을

내 입으로 종일 전하리이다

시71:16 내가 주 여호와의 능하신 행적을 가지고 오겠사오며

주의 공의만 전하겠나이다

시71:19 하나님이여 　　　　　→ 주의 의가 또한 지극히 높으시니이다

주께서 큰 일을 행하셨사오니 누가 주와 같으리이까

시71:23 내가 주를 찬양할 때에 나의 입술이 기뻐 외치며

주께서 속량하신 내 영혼이 즐거워하리이다

시71:24 나의 혀도 종일토록 주의 의를 작은 소리로 읊조리오리니

---

⑭

우리 대신 자기 아들에게 공의를 나타내심으로
최후심판이 있다는 명백한 증거를 제시하셨다

롬3:25 이 예수를 하나님이, 화목제물로 세우셨으니

"세우다"는 원어는
프로티테마이(protithemai)

프로+티테미=합성어

프로= 정면에, 앞에

티테미=전시(展示)하다

---

⑮

그러므로 하나님의 의(義)
곧 복음을 거절한다면 어떻게 되는가?

롬1:17 (문맥) 복음에는

① 하나님의 의가 나타나서

　　⬇

롬1:18 ② 하나님의 진노가

하늘로부터

나타나나니

계6:16-17 산들과 바위에게 말하되

1) 진노에서

우리를 가리라

2) 그들의 진노의

큰 날이 이르렀으니

누가 능히 서리요

---

⑯

로마서를 기록한 목적은
최종적인 구원의 확신을 주려는 것이다

롬8:30

① 미리 아시고

② 미리 정하심(택하심)

③ 또한 부르시고

④ 또한 의롭다 하시고

⑤ 또한 영화롭게 하셨느니라

golden chain

롬8:31

그런즉

→ 1) 이 일에 대하여

우리가 무슨 말 하리요

2) 만일 하나님이 우리를 위하시면

누가 우리를 대적하리요

⑰ 예수 그리스도는 알파와 오메가이시다
우리의 구원을 누가 끊어놓을 수 있단 말인가?!

예수님의

탄생　고난　부활　승천　재림

우리의

미리
아시고　미리
정하시고　부르시고　의롭다
하시고　영화롭게
하셨다

You(도순)Tube

200강

로마서 2

로마서에 나타난 구속사적인 맥락

❶ 성경해석의 Guidelines
성경의 ① 중심주제 ② 핵심 ③ 성취(成就)되었다

요5:39 너희가 성경에서 영생을 얻는 줄 생각하고 성경을 연구하거니와
① 이 성경이 곧 내게 대하여 증언하는 것이니라

눅24:44 내가 너희와 함께 있을 때에 너희에게 말한 바 곧
모세의 율법과 선지자의 글과 시편에
② 나를 가리켜 기록된 죽으시고 다시 사실 것
③ 이루어져야 하리라

* 너희는 이 모든 일의 증인이라

❷ 로마서를 구속사적인 맥락에서 기록하고 있다
5:14, Keyword 아담 · 모세 · 오실 자가 등장한다

롬5:14 그러나

① 아담으로부터
② 모세까지 아담의 범죄와 같은 죄를 짓지 아니한 자들까지도 사망이 왕 노릇 하였나니
③ 아담은 오실 자의 모형이라

① 아담으로부터는 무엇이 들어왔습니까?

롬5:12 한 사람으로 말미암아 죄가 세상에 들어오고 죄로 말미암아 사망이 들어왔나니

❸ ② 모세를 통해서는 무엇을 들어왔는가?
율법을 들어오게 하셔서 죄를 들어나게 하셨다

롬5:20

모세를 통해서는
1) 율법이 들어온 것은
2) 범죄를 더하게 하려 함이라

* 죄를 들어내기 위해서라는 거죠

롬5:13

죄가 율법 있기 전에도 세상에 있었다
율법이 없었을 때에는
죄를 죄로 여기지 아니하였느니라

* 율법이 없으면 죄를 모르고 죄를 모르면 복음을 모르기 때문이죠

❹ ③ 오실 자는 누구를 가리키는가?
언약의 사자이신 예수 그리스도이다

말3:1 너희가 사모하는 언약의 사자가 임하실 것이라

요1:11 자기 땅에 오매 자기 백성이 영접하지 아니하였으나

행7:52 의인이 오시리라 예고한 자들을 그들이 죽였고

* 오실 자 = 아브라함과 다윗에게 언약하신 그리스도

❺

③ **아담은 오실 자의 모형이라**

롬5:12-21
한 사람 = 열두 번 등장

1) 한 사람=아담
2) 또 한 사람=그리스도
   (왜 한 사람이라 하는지
   아시겠습니까?)

롬5:19
1) 한 사람(아담)이
   순종하지 아니함으로
   많은 사람이 죄인 된 것 같이
2) 한 사람(예수 그리스도)이
   순종하심으로
   많은 사람이 의인이 되리라

---

❻

롬5:12
그러므로
1) 한 사람으로 말미암아
   죄가 세상에 들어오고
   사망이 들어왔나니
2) 이와 같이 모든 사람이
   죄를 지었으므로
   사망이 모든 사람에게

삼상17:8
나는 블레셋
1) 너희는 사울의 신복이 아니냐
2) 한 사람을 택하여
3) 다윗, 물매 돌로
   블레셋 사람의 이마를 치매

* 아담의 죄를 담당 = 마지막 아담
  부활로 첫 열매가 되심 = 둘째 사람

---

❼

롬5:12   그러므로   한 사람으로 말미암아
죄가 세상에 들어오고 죄로 말미암아
사망이 들어왔나니

롬5:15   더욱   하나님의 은혜와 또한 한 사람
예수   그리스도의 은혜로 말미암은 선물은 많은 사람에게
넘쳤느니라

롬5:20   율법이 들어온 것은 범죄를 더하게 하려 함이라
그러나 죄가 더한 곳에 은혜가 더욱 넘쳤나니

---

❽

롬5:15

더욱
① 하나님의 은혜와
② 예수 그리스도의 은혜로
   말미암은 선물은 많은 사람에게
   넘쳤느니라(어디에 근거해서)

창3:15

(원 복음에 의해서죠)
→ ① 내가 너로 여자와 원수가
     되게 하고…되게 하리니

→ ② 여자의 후손은
     네 머리를 상하게 할 것이요

⑨

롬5:15

1) 더욱 하나님의 은혜와
   또한 한 사람 예수 그리스도의
   은혜로 말미암은
2) 선물은 많은 사람에게
   넘쳤느니라

롬5:17
한 사람의 범죄

1) 더욱 은혜와 의의 선물을
2) 넘치게 받는 자들은
   생명 안에서 왕 노릇 하리로다

* 1:1이 아닌 은혜가 더욱 넘친다

---

⑩

수10:6-12
올라와 우리를 구하소서
아모리 사람의 왕들이 다 모여
우리를 치나이다 하매

1) 여호수아가 모든 군사와 용사와
   더불어 길갈에서 올라가니라

2) 여호와께서 하늘에서
   큰 우박 덩이를 내리시매

3) 태양아 너는
   기브온 위에 머무르라

* 어디에 머물라, 화친한 기브온
  사람들 위에 머물라 하십니다

---

⑪

* 로마서만의 독특한 증언이다.

롬3:19 율법 아래
롬3:9 다 죄 아래
롬3:19 심판 아래 → 어디에 근거해서
롬6:14 너희가
법 아래에 있지 아니하고
은혜 아래에 있음이라

레16:15 속죄제 피를 속죄소
위와 앞에 뿌릴지니

피
속죄소
법궤 안에
증거판

만일 속죄소에 대속의 피가
뿌려지지 않는다면?

---

⑫

고전15:22

1) 아담 안에서
   모든 사람이 죽은 것 같이

2) 그리스도 안에서
   모든 사람이 삶을 얻으리니

고전1:30 너희는
하나님으로부터 나서
그리스도 예수 안에 있고
하나님이 우리를 택하셔서
그리스도 안에…

요17:6 그들은(우리들은)
아버지의 것이었는데
내게 주셨으며

⑬ 거기 너 있었는가 그 때에
(롬6:5) 죽으심과 연합한 자 부활과 연합한 자이다

롬6:6
우리의 옛 사람이
① 예수와 함께 십자가에 못 박힘
　(그리스도 안에서)
② 그리스도와 함께 죽었으면
③ 그와 함께 장사되었나니
　(6:6, 8, 4)

롬6:8
④ 또한 그와 함께 살 줄을 믿노니

롬6:11
(결론) 너희도
1) 죄(사탄)에 대하여는 죽은 자요
2) 하나님께 대하여는
　살아 있는 자로 <u>여길지어다</u>

⑭ (롬6:11) 죄(사탄)에 대하여는 죽은 자요
하나님께 대하여는 살아 있는 자로 여길지어다

사59:2 오직 너희 죄악이
너희와 하나님 사이를
갈라 놓고
(하나님께 대하여 죽은 자)

요5:24 믿는 자는 영생을 얻었고
사망에서 생명으로
옮겼느니라
사탄에 대해 죽은 자인 거죠

⑮ 내가 오늘 애굽의 수치를
너희에게서 떠나가게 하였다

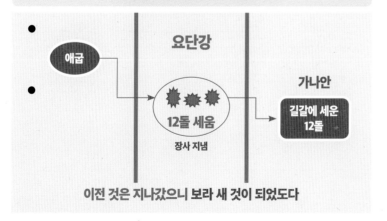

이전 것은 지나갔으니 보라 새 것이 되었도다

⑯ 그러면 우리의 책임이 무엇인가?
(롬6:12) 죄가 너희 죽을 몸을 지배하지 못하게 하라

<u>너희 지체를</u>
<u>불의의 무기(武器)로</u>
<u>죄에게 내주지 말고</u>

오직 너희 자신을 죽은 자 가운데서
다시 살아난 자 같이
하나님께 드리며 <u>너희 지체를</u>
의의 무기로 하나님께 드리라

**⑰ 바울은 로마서를 주님의 지침대로
구속사의 맥락에서 증언하고 있다**

롬1:2

이 복음은
1) 하나님이 선지자들을 통하여
그의 아들에 관하여
2) 성경에 미리 약속하신 것이라

롬3:21

이제는 율법 외에
1) 하나님의 한 의가 나타났으니
2) 율법과 선지자들에게
증거를 받은 것이라

You(도순)Tube

201강

로마서 3

바울은 죄인임을 어떻게 깨달았는가?

복음이 어째서 기쁜 소식인가?
최후심판이 있기 때문이다

롬1:17 복음에는 하나님의 의가 나타나서

롬1:18 하나님의 진노가 … <u>나타나나니</u>

롬1:18-3:20 죄론(罪論)

① 이방인의 죄 ② 불의한 죄 ③ 판단하는 죄
④ 유대인의 죄 ⑤ 우리는 나으냐?

롬3:20 (결론)인간의 행위로 하나님 앞에 의롭다 하심을 얻을 자가
없다고 단언(그래서 하나님이 마련해주신)

롬3:21 <u>하나님의 의가 나타났다</u>

* <u>먼저 죄인임을 깨달아야 한다</u>

죄를 깨달아야 복음의 필요를 깨닫게 된다

마9:12-13

예수님

1) 건강한 자에게는 의사가
쓸 데 없고
병든 자에게라야
쓸 데 있느니라

2) 나는 의인을 부르러 온 것이
아니요 <u>죄인을 부르러 왔노라</u>

빌3:6

바울(사울)?

1) 열심으로는 교회를 박해하고
2) <u>율법의 의로는 흠이 없는 자라</u>

* 열심은 있었으나 죄를 깨닫지
못함으로 하나님을 대적하는
열심이 됐죠
현대교회는 어떠한가?

죄에는 원죄(原罪)와 자범죄(自犯罪)가 있다
① 원죄 하에서 태어났기에 죄인인 것이다

롬5:12

1) <u>한 사람으로 말미암아</u>
<u>죄가 세상에 들어오고</u>

↓

2) 모든 사람이 죄를 지었으므로
(원죄) 모든 사람은 추방당한
원죄 하에서 태어났다

시51:5

내가 죄악 중에서 출생하였음이여
어머니가 죄 중에서
나를 잉태하였나이다

* 죄를 지어서 죄인이 아니라
죄 덩어리이기 때문에
죄를 범한다는 뜻이죠

바울은 자신이 죄인임을 어떻게 깨닫게 되었는가?
② 탐내지 말라, 탐심, 貪心, 마음의 문제임을 깨달음

롬7:8-9
전에 율법을 깨닫지
못했을 때에는 내가 살았더니

계명이 이르매
① 죄는 살아나고 ② 나는 죽었도다

출20:17 네 이웃의 집을
탐내지 말라
무릇 네 이웃의 소유를
탐내지 말라(마지막 계명)

롬7:7 <u>탐내지 말라 하신</u>
계명이 이르매
탐심을 알게 되었다

계명이 이르매, 요시야 왕의 할아버지 므낫세의 죄는 이미 있었으나 율법 책을 발견하기 전에는 몰랐죠

왕하22:8,11 여호와의 성전에서
율법책을 발견하였노라
왕이 율법책의 말을 듣자
그의 옷을 찢으니라

신28:16-17 네가 성읍에서도 저주를 받으며
들에서도 저주를 받을 것이요
떡 반죽 그릇이 저주를 받을 것이요
(우리도 율법책을 발견해 죄를 깨닫고 마음을 찢어야죠)

주님께서도 죄가 마음의 문제임을 지적하셨다

마5:27 또 간음하지 말라 하였다는 것을 너희가 들었으나

마5:28 나는 너희에게 이노니 음욕을 품고 여자를 보는 자마다 마음에 이미 간음하였느니라

마5:21 살인하면 심판을 받게 되리라 하였다는 것을 너희가 들었으나

마5:22 나는 너희에게 이르노니 형제에게 노하는 자마다 심판을 받게 되고

강조 : 사탄은 틈을 타려고 기회를 엿보는 자이다 하나님은 사탄이 이처럼 악용할 것을 모르셨단 말인가?

롬7:8 죄가 기회(機會)를 타서
계명으로 말미암아
내 속에서 온갖 탐심을 이루었나니

창3:1 동산 모든 나무의 열매를 먹지 말라 하시더냐

고전15:56 또한 율법을 주시자 그것으로 정죄함

롬7:13 그런즉 선한 것이 내게 사망이 되었느냐
1) 오직 죄가 죄로 드러나기 위하여
2) 죄로 심히 죄 되게 하려 함이라
* 구약성경의 분량이 왜 많은가?
① 죄를 깨닫고
② 그리스도를 만나게 하기 위해

X-Ray   MRI
시139편 다윗은 이렇게 간구한다

시139:23

하나님이여
나를 살피사
내 마음을 아시며
나를 시험하사
내 뜻을 아옵소서

시139:24

내게 무슨 악한 행위가 있나 보시고
나를 영원한 길로 인도하소서

* 제 거실에 아침 햇빛이 비취면
먼지가 드러나듯이

렘17:9-10 만물보다 거짓되고 심히 부패한 것은
(사람)마음이라

1) 누가 능히 이를 알리요마는
2) 나 여호와는 심장(心臟)을 살피며 폐부(肺腑)를 시험하고

각각 그의 행위와 그의 행실대로 보응하나니

롬7:15 그런데 가능했나요?
1) 내가 원하는 것은 행하지 아니하고
2) 도리어 미워하는 것을 행함이라
(몸부림 치면 칠 수록, 나는?)

롬7:15, 23 나는 (자유가 없으니)
1) 죄 아래에 팔린 노예
2) 나를 사로잡는 것(생포당함)을 보는도다
(마음 속에서 워터루의 전쟁이 일어난다)

롬7:24 오호라
1) 나는 곤고한 사람이로다
이 사망의 몸에서
2) 누가 나를 건져내랴

롬8:2 그리스도 예수 안에 있는
생명의 성령의 법이
죄와 사망의 법에서
너를 해방하였음이라

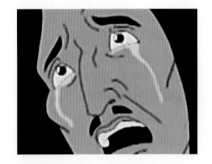

---

* 로마서 7장에는 "나"가
30번 정도 등장한다.

① **롬7:14** 나는 죄 아래에 팔렸도다
한 너를…
② **롬7:23** 나를 사로잡는 것을
보는도다 한 너를…
③ **롬7:24** 오호라 나는 하던
너를 해방하여주셨다

롬8:3 율법이 할 수 없는 그것을
1) 하나님은 하시나니
2) 자기 아들을 육신으로 보내어
육신에 죄를 정하사

오 자유! 오 자유! 나는 자유하리라 비록 얽매었으나 나는 이제 돌아가리 자유 주시는 내 주님께

요8:32-33

진리를 알지니
1) 진리가 너희를 자유롭게 하리라
2) 우리가 아브라함의 자손이라
   남의 종이 된 적이 없거늘
   어찌하여 우리가
   자유롭게 되리라 하느냐

요8:34, 36

진실로 진실로
1) 죄를 범하는 자마다 죄의 종이라
2) 그러므로 아들이 너희를
   자유롭게 하면
   너희가 참으로
   자유로우리라

두 왕국과 두 권세가 있다

롬5:21a

① 죄가
② 왕 노릇 한 것 같이

③ 사망 안에서
고전15:56 죄의 권능은 율법

롬5:21b

① 은혜도 또한
② 왕 노릇 하여

③ 의로 말미암아
롬3:24 그리스도 예수 안에 있는
   속량으로 말미암아

칭의는 중생한 사람에게 더욱 필요하다
But why? 비 중생자는 죄책감도 없기 때문이죠

롬7:24 오호라 하던 자가

롬7:25 하나님께 감사하리로다
   (그리스도를 보내주셨기 때
   문이죠)

롬8:1 그러므로 이제
   그리스도 예수 안에
   있는 자에게는
   결코 정죄함이 없나니

롬7:25b 1) 그런즉 내 자신이
   마음으로는
   하나님의 법을
   2) 육신으로는
   죄의 법을 섬기노라

* **고전9:27**
   내 몸을 쳐 복종하게 함은
   남에게 전파한 후에

바울은 죄를 깨닫되 괴수임을 깨달았다
죄의 깊이를 깨달은 만큼 은혜의 높이를 알게 된다

딤전1:15
미쁘다 이 말이여

1) 그리스도 예수께서
   죄인을 구원하시려고
   세상에 임하셨다 하였도다
2) 죄인 중에
   내가 괴수니라

* 율법이 우리를 체포하여
   감금하기 이전에는
   우리를 풀어주시는 그리스도를
   간절히 기대하지 않을 것이다

율법이 우리를 정죄하여 죽이기
이전에는 의롭다 하심에 대한
감사와 감격을 모를 것이다

- 존스톳트 -

You(도순)Tube

202강
로마서 4
기독교윤리의 독특성과 영광스러움

롬12:1

너희를 권하노니
(너희가 누군가?)
① 하나님의 영이 거하시면
② (성)영에 있나니
③ 그리스도의 영이 없으면
  그리스도의 사람이 아니라
  (롬8:9)

엡4:1

너희를 권하노니
① 하나님의 택함을 받은 자(1:4)
② 그리스도의 속량을 받은 자(1:7)
③ 성령의 인침을 받은 자(1:13)
  (얼마나 독특한가?)

요3:3 예수님, 니고데모
  * 산 제사를 드리라 X
  사람이 거듭나지 아니하면

요3:5 사람이 물과 성령으로
  나지 아니하면
  * 새로 지으심을 받은 자

롬3:24 그리스도 예수 안에 있는
  속량으로 말미암아
  하나님의 은혜로 값 없이
  의롭다 하심을 얻은 자
  되었느니라(화목한 자)
  * 얼마나 영광스러운가?

롬6:12 너희 죽을 몸

롬12:1 그러므로 형제들아
  내가 하나님의
  모든 자비하심으로
  너희를 권하노니

히5:4 (산 제사) 이 존귀는
  아무도 스스로
  취하지 못하고
  오직 하나님의 부르심을
  받은 자라야 할 것이니라

벧전2:9 너희는 택하신 족속이요
  왕 같은 제사장들이요

(현재 우리 환경은)

빌1:1
① 그리스도 예수 안에서
② 빌립보에 사는 모든 성도

(현재 우리 몸은)

갈5:17
① 육체의 소욕은 성령을 거스르고
② 성령(의 소욕)은
  육체를 거스르나니
  이 둘이 서로 대적함으로

기독교 윤리의 본질(本質)

롬7:4

형제들아 너희도
1) 그리스도의 몸으로 **말미암아**

2) 율법에 대하여 죽임을 당하였으니
   * 함께 못 박힘, 함께 죽음, 함께
     장사, 함께 살아남

3) 다른 이 곧 죽은 자 가운데서
   살아나신 이에게 가서
   (주와 합하여 한 영)

말하자면 죽은 자 가운데서 살아난 분과
결혼한 것이다(현대인의 성경).

4) 하나님을 위하여
   열매를 맺게 하려 함이라

기독교 윤리의 원리(原理)
① 중생(요3:3) ➡ ② 성숙(엡4:15) ➡ ③ 분별력(롬12:2)

롬8:7
(중생하지 못한 자)
① 육신의 생각은
   하나님의 법에 굴복하지
   아니할 뿐 아니라
   할 수도 없음이라

고전3:2-3
② 내가 너희를
   젖으로 먹이고

롬12:2
③ 하나님의 뜻이 무엇인지
   분별하도록 하라

복음과 윤리가 「그러므로」로 연결되어 있다
「그러므로」에 확고하지 못하면 윤리에도 실패한다

롬12:1
(1-11장에 근거)
1) 그러므로 형제들아
   내가 하나님의 모든
   자비하심으로 너희를 권하노니
2) 너희 몸을 하나님이 기뻐하시는
   거룩한 산 제물로 드리라

엡4:1
그러므로 너희를 권하노니
너희가 부르심을 받은 일에
합당하게 행하여

골3:1
그러므로 너희가 그리스도와 함께
다시 살리심을 받았으면
위의 것을 찾으라

성화 = 교훈으로는 불가능하다
성령으로 거듭나야 가능

겔33:31
백성이
1) 내 백성처럼
   네 앞에 앉아서 네 말을 들으나
2) 그대로 행하지 아니하니 이는
   그 입으로는 사랑을 나타내어도
   마음으로는 이익을 따름이라

겔33:32
그들은
1) 네가 고운 음성으로
   사랑의 노래를 하며
   음악을 잘하는 자 같이 여겼나니
2) 네 말을 듣고도
   행하지 아니하거니와

성화 = 율법으로는 불가능했다

겔36:27

또 내 영을 너희 속에 두어
너희로 내 율례를 행하게 하리니
너희가 내 규례를 지켜 행할지라

요8:5

모세는 율법에
1) 이러한 여자를 돌로 치라(죽이라)
2) 나도 너를 정죄하지 아니하노니
   (대신 정죄를 받으신 사랑, 복음
   만이 가능하다.)

사도는 그러므로 라는 복음에 의해서 권면한다
이렇게 하는 것이 기독교윤리의 독특성이다

롬14:15

그리스도께서
대신 하여 죽으신 형제를
네 음식으로 망하게 하지 말라

롬14:20

음식으로
하나님의 사업을
무너지게 하지 말라

고전8:11-12

그러면 네 지식으로
그 믿음이 약한 자가 멸망하나니
1) 그는 그리스도께서
   위하여 죽으신 형제라
2) 곧 그리스도에게
   죄를 짓는 것이니라

돌판의 율법은 구원만 주지 못한 것이 아니라 성화도
마음판의 복음만이 성화도 가능하게 한다

롬5:5 우리에게 주신 성령으로 말미암아
하나님의 사랑이
우리 마음에 부은 바 됨이니

고후5:14 그리스도의 사랑이
우리를 강권하시는도다

복음이   이끄는 삶이   성화이다

성화의 삶이란? 자기가 자신에게 설교하는 것
고전9:27 내가 내 몸을 쳐 복종하게 하는 계속적인 싸움이다

시42:5 1) 내 영혼아 네가 어찌하여 낙심하며 어찌하여

2) 내 속에서 불안해 하는가 너는 하나님께 소망을 두라
   ① **히8:10** 새 언약을 마음에 기록하고 생각에 두리라
   ② **고전6:19** 너희 몸은 성령의 전, 내주하심이 있어야…
   ③ **롬6:13** 너희 지체를 의의 무기(武器)로
      하나님께 드리라

영성(靈性): ① 안으로의 영성 ② 밖으로의 영성 ③ 위로의 영성

딛2:11-13 구원을 주시는
하나님의 은혜가 나타나

딛2:13 영광이 나타나심을
기다리게(두 기간)
① 근신함(안으로 영성)과
② 의로움(밖으로 영성)과
③ 경건함(위로 영성)으로
이 세상에 살고

빌3:12 내가 이미 온전히
이루었다 함도 아니라

고전9:25-27 이기기를
다투는 자마다
모든 일에 절제하나니
내가 내 몸을 쳐
복종하게 함은

몸으로 산 제사를 드리는 것은 하늘에 계신 아버지께 영광을 돌리는 삶이다

월-토요일
* **모든 일이 하나님이
기뻐하시는 거룩한 산 제물로
드리는 삶이다.**

고전10:31
그런즉 너희가 먹든지 마시든지
무엇을 하든지 다
하나님의 영광을 위하여 하라

히11:5
(에녹) 옮겨지기 전에
하나님을 기쁘시게 하는 자라
하는 증거를 받았느니라

요8:29
나는 항상 그가
기뻐하시는 일을 행하므로
나를 혼자 두지 아니하셨느니라

그리스도인이란 神的爱, 基督的爱, 圣灵的爱

롬8:35 누가 우리를
그리스도의 사랑에서
끊으리요

롬8:39 하나님의 사랑에서
끊을 수 없으리라

롬15:30 성령의 사랑으로
말미암아 너희를 권하노니

* 하나님 아버지의 사랑에
죄를 범하는 것이다
* 나를 위해 대신 죽어주신
그리스도의 사랑에 죄를
범하는 것이다
* 내주하시는 성령의 사랑에
죄를 범하는 것이다

그리스도인은 인생의 목적이 바뀐 사람들이다 이것이 기독교윤리의 독특성이요 영광스러움이다

롬14:7
우리 중에
1) 자기를 위하여
사는 자가 없고
2) 자기를 위하여
죽는 자도 없도다

롬14:8
우리가
① 살아도 주를 위하여 살고
② 죽어도 주를 위하여 죽나니
③ 그러므로 사나 죽으나
우리가 주의 것이로다

You(도순)Tube

203강

고린도전서

고린도에 있는 하나님의 교회

① 인구 60만의 항구도시 고린도
올림픽과 같은 이스무스 경기를 개최한 고린도

* 고린도교회는
  바울의 2차 선교여행 당시에
  세워진 교회이다.

행18:1 아덴을 떠나 고린도에
         이르러

행18:11 1년 6개월을 머물며
          하나님의 말씀을
          가르치니라

고전2:3 내가 너희 가운데 거할 때
         약하고 두려워하고 심히
         떨었노라

행18:9 두려워하지 말며
         침묵하지 말고 말하라

② 고린도전서의 Keyword
이것이 현대교회의 문제점이기도 하다

고전1:2

고린도에 있는
1) 하나님의 교회
   * 고린도는? 하나님의 교회는?
2) 거룩하여지고
3) 성도라 부르심을 받은 자들
   * 그런데…

하나님의 교회

고린도의 세상풍조

고전5:7 너희는 누룩 없는 자인데
         새 덩어리가 되기 위하여
         묵은 누룩을 내버리라

③ 하나님의 교회에
고린도의 어떤 풍조가 침입했는가?

고전1:12

너희가 각각 이르되
① 나는 바울에게
② 나는 아볼로에게
③ 나는 게바에게
④ 나는 그리스도에게
   속한 자라 한다는 것이라
   (철학에는 많은 학파?)

고전1:13

그리스도께서 어찌 나뉘었느냐
바울이 너희를 위하여
십자가에 못 박혔으며
바울의 이름으로
너희가 세례를 받았느냐

④ 그런즉 누구든지 사람을 자랑하지 말라
만물이 다 너희 것임이라 (3:21 통큰 믿음)

고전3:22 바울이나 아볼로나 게바나(철학은 인물중심)
         세계나 생명이나 사망이나 지금 것이나 장래 것이나
         다 너희의 것이요

고전3:23 너희는 그리스도의 것이요 그리스도는 하나님의 것이니라

고후6:13 내가 자녀에게 말하듯 하노니 보답하는 것으로
         너희도 마음을 넓히라

❺

하나님의 교회에 고린도의 어떤 풍조가 침입했는가?
지식과 말 잘하는 것을 자랑했다

고전1:5 너희가
1) 모든 언변과
2) 모든 지식에
풍족하므로

고후10:10 (바울) 몸으로
대할 때는 약하고
그 말도 시원하지 않다

고전1:18 십자가의 도가
미련한 것이요
(1장=다섯 번)
고전1:21 전도의 미련한 것으로
고전1:23 유대인=거리끼고
이방인=미련한 것이로되
고전1:27 세상의
미련한 것들을 택하사
(너희 너무 잘났구나)

❻

내가 신령한 자들을 대함과 같이 말할 수 없어서
철학과 문화적인 교만, 여섯 번 등장한다

고전4:18

어떤 이들은 내가
너희에게 나아가지 아니할 것 같이
스스로 교만하여졌으나

고전4:19

주께서 허락하시면
내가 너희에게 속히 나아가서
교만한 자들의 말이 아니라
오직 그 능력을 알아보겠으니

❼

하나님의 교회에 고린도의 어떤 풍조가 침입했는가?
방탕과 음란의 도성 고린도 사람 같다

고전5:1

너희 중에
심지어 음행이 있다 함을 들으니
그런 음행은
이방인 중에서도 없는 것이라
누가 그 아버지의 아내를
취하였다 하는도다

사랑의 여신 아프로디테 신전
1천 명 정도의신전 여사제(창녀)

❽

세상도 너희에게 판단을 받겠거든
지극히 작은 일 판단하기를 감당하지 못하겠느냐

고전6:6

형제가 형제와 더불어
고발할 뿐더러
믿지 아니하는 자들 앞에서 하느냐

고전6:7

너희가 피차 고발함으로 너희
가운데 이미 뚜렷한 허물이 있나니
차라리 불의를 당하는 것이
낫지 아니하며
차라리 속는 것이 낫지 아니하냐
(But why?)
하나님의 이름, 영광을 위해

⑨ 원인이 무엇인가? 복음을 망각했기 때문이죠
알지 못하느냐? 일곱 번(6:2, 3, 9, 15, 16, 19, 3:16)

고전3:16 너희가 하나님의
성전인 것과
하나님의 성령이
너희 안에 계시는 것을
알지 못하느냐
(분열을 책망하는 문맥)

고전6:19 너희 몸은 너희 가운데 계신
성령의 전인 줄을 알지
못하느냐(음행의 문맥)

고전6:2 성도가 세상을
판단할 것을 너희가
알지 못하느냐

고전6:3 우리가 천사를
판단할 것을 너희가
알지 못하느냐
(세상 법에 호소하는 문맥)

호4:6 내 백성이 지식이
없으므로 망하는도다

---

⑩ 고전14:33 하나님은 무질서의 하나님이 아니시요
오직 화평의 하나님이시니라

고전1:7 너희가 모든 은사에 부족함이 없이

고전14:23 그러므로 온 교회가 함께 모여 다 방언으로 말하면
너희를 미쳤다 하지 아니하겠느냐

고전12:31 너희는 더욱 큰 은사를 사모하라
내가 가장 좋은 길을 너희에게 보이리라

---

⑪ 고린도교회에 보낸 서신에 사랑 장이 있다는 점
하나님은 사랑이시라, 하나님의 형상을 닮는 것이죠

고전13:1 사람의 방언, 천사의 말, 사랑이 없으면
소리 나는 구리와 울리는 꽹과리가 되고

고전13:2 예언하는 능력이 있어 모든 비밀과 모든 지식을 알고
또 산을 옮길 만한 모든 믿음이 있을지라도
사랑이 없으면 내가 아무 것도 아니요 I am nothing

고전13:3 내가 내게 있는 모든 것으로 구제하고 또 내 몸을 불사르게
내줄지라도 사랑이 없으면 내게 아무 유익이 없느니라

---

⑫ 교회는 사람이 모이는 곳이 아닌 거룩한 무리의 공동체
목회자를 세우신 목적이 무엇인가?

엡4:11-12
목사와 교사로 삼으셨으니
① 이는 성도를 온전하게 하여
② 봉사의 일을 하게 하며
③ 그리스도의 몸을 세우려 하심이라
  (하나님의 나라)

＊ 교회는 건물이 아니다

고전1:2
성도라 부르심을 받은 자들의 공동체

요20:21
아버지께서 나를 보내신 것 같이
나도 너희를 보내노라

⑬ 교회는 모이는 교회와 보냄을 바는 교회, 생명체이다

모이는 교회

고전3:16
① 하나님의 말씀이
   바르게 선포되고
② 성례가
   바르게 집행이 되고
③ 권징이
   시행이 되어야 한다

보냄을 받는 교회

고전6:19
1) 성도의 몸은 성령이 거하시는
2) 성전이다

마5:13-14
너희는 세상의 소금이다
너희는 세상의 빛이다

⑭ 중요 : 교회의 영향력이 어떻게 나타나는가? 보내심을 받은 교회, 이기고 왔는가? 패배하고 왔는가? 몇대 몇

* 소금이 만일 그 맛을 잃으면,
  등불을 등경 위에 두나니
* 등불(가로등)이 꺼지면?

엡6:11
마귀의 간계를 능히
대적하기 위하여
하나님의 전신 갑주를 입으라
(전투하는 교회)

엡6:12
우리의 씨름은
월-토요일까지 씨름하는 셈이죠.
성도의 삶이 교회의 영향력이다.

⑮ 한국교회 영향력 어느 교회 소속, 어느 목회자가 가르친 분인가?

그리스도인 **국회의원**
그리스도인 장관
그리스도인 **판검사**
그리스도인 경찰
그리스도인 **교사 교수**
그리스도인 의료인

그리스도인 **기업인**
그리스도인 **직장인**
그리스도인 **상업인**
그리스도인 학생
그리스도인 **부모**
그리스도인 자녀

어찌하여 우리는 책임감을 느끼지 않는가?

⑯ 고린도교회에 보낸 서신에 부활 장이 있다는 점 고린도 성도들을 견고하게 세워주었겠지요

고전15:12
그리스도께서 죽은 자 가운데서
살아나셨다 전파되었거늘
어찌하여 부활이 없다 하느냐

고전15:19
(만일 부활이 없다면 내세가 없다면)
모든 사람 가운데 우리가
더욱 불쌍한 자이리라

고전15:58
내 사랑하는 형제들아
흔들리지 말고 항상 주의 일에
더욱 힘쓰는 자들이 되라
너희 수고가 주 안에서
헛되지 않은 줄 앎이라

* 십자가 고난은 꽃이요
  부활은 열매다. 부활신앙이 없으면
  믿음도 헛것이다.

⑰ 고린도에 있는 하나님의 교회가 Keyword라면 고린도전서를 통해 교회에 촉구하는 바가 무엇인가?

고전11:1 내가 그리스도를 본받는
자가 된 것 같이
1) 너희는
나를 본받는 자가 되라
* 바울은 주님의 어떤
면을 본받았는가?

고전9:12 그러나
1) 권리를 쓰지 아니하고
범사에 참는 것은
그리스도의 복음에
장애가 없게 하려
함이로다
고전9:19 2) 스스로 모든 사람에게
종이 된 것은

⑱ 현대교회에 침투한 사회 풍조 중에는 어떤 것들이 있는가?

① 인간의 이성에 근거한
계몽주의
② 인간의 합리성에 근거한
실존주의
③ 현대주의라 하는
모던이즘
④ 포스트모더니즘이라는
다원주의

1) 구속교리를 부정하는
자유주의신학
2) 성경의 신화화
3) 다른 종교에도 구원이 있다는
종교다원주의
4) 동성애 사상 등

⑲ 사도는 결코 실망하지 않는다 고린도 성도가 아닌 하나님의 미쁘심을 믿기 때문이다

고전1:4

그리스도 예수 안에서
1) 너희에게 주신 하나님의 은혜로
말미암아 내가 너희를 위하여
2) 항상 하나님께 감사하노니

고전1:8-9

너희를 우리 주 예수 그리스도의 날에
3) 책망할 것이 없는 자로
끝까지 견고하게 하시리라
4) 너희를 예수 그리스도
우리 주와 더불어 교제하게 하시는
하나님은 미쁘시도다

⑳ 信, 望, 愛, 그 중에 제일은 사랑이라

천사의 말을 하는 사람도 사랑 없으면 소용이 없고
심오한 진리 깨달은 자도 울리는 징과 같네

You(도순)Tube

204강

고린도후서

수건이 벗어진 자와
벗어지지 아니한 자의 갈등

❶ 고린도후서의 특성
고린도후서는 현대교회에 꼭 필요한 서신이다

고린도후서는
안정(安靜)됨이나
조직(組織)성이 없는
격동(激動)의 서신이다.

그럴 수밖에 없는 것은,
고린도 성도들을 소유하려는
거짓 사도와 참 사도간의
격전(激戰)의 장(場)이기 때문이다.

고린도전서는
교회 내의 여러가지 문제들을
복음으로 치유하는 것을 본다.

그런데 고린도후서는
"다른 복음"을 전파하려는 자들과
복음을 보수하려는 자
사이에 벌어지고 있는
변증(辯證)이라 할 것이다.

❷ 고린도후서의 Keyword
수건이 벗어진 자와 벗어지지 아니한 자의 갈등

고후3:13
우리는 모세가 수건을 그 얼굴에
쓴 것 같이 아니하노라

고후3:14-15
그러나 그들의 마음이 완고하여
1) 오늘까지도 구약을 읽을 때에
   수건이 벗겨지지 아니하고
2) 오늘까지 모세의 글을 읽을 때에
   수건이 그 마음을 덮었도다
   (사59:2, 마27:51)

❸ 마음에서 수건이 벗어지지 않고 있는
그들이 누구인가?

고후11:22-23
그들이 히브리인이냐 나도 그러하며

1) 그들이 이스라엘인이냐
   나도 그러하며
   그들이 아브라함의 후손이냐
   나도 그러하며

   * 그들이 유대인이라는 점

2) 그들이
   그리스도의 일꾼이냐
   정신 없는 말을 하거니와
   나는 더욱 그러하도다

   * 그들이 믿는 지도자라는 것

❹ 왜 수건이 벗어지지 않는가?
수건이 벗어지는 비결이 무엇인가?

고후3:14a 그들의 마음이
            완고하여 오늘까지도
            수건이 벗겨지지
            아니하고 있으니

* 완고(頑固)=포로오(poroo)
  돌같이 되다
* 이방인 선교를 안디옥교회에
  명하신 의도

렘4:3   너희 묵은 땅을 갈고
          가시덤불에 파종하지 말라

고후3:14b 그 수건은
            그리스도 안에서
            없어질 것이라

고후3:16 언제든지 주께로 돌아가면
            그 수건이 벗겨지리라

❺

고후4:3-6 만일 우리의
　1) **복음이 가리웠으면**
　　망하는 자들에게
　　가리어진 것이라

고후4:6 어두운 데에 빛이 비치라
　　말씀하셨던 하나님!
　　우리 마음에 복음의 빛을
　　비춰주셨다.

2) 그리스도의 영광의
　복음의 광채가
　비치지 못하게 함이니

---

❻

고후2:17

우리는 수많은 사람들처럼
1) 하나님의 말씀을
　혼잡하게 하지 아니하고
2) 순전함으로
　하나님께 받은 것 같이
　하나님 앞에서와
　그리스도 안에서 말하노라

고후4:2

하나님의 말씀을
혼잡하게 하지 아니하고
오직 진리를 나타냄으로
하나님 앞에서
각 사람의 양심에 대하여
스스로 추천하노라

---

❼

고후3:6

그가 우리를
1) 새 언약의 일꾼 되기에
　만족하게 하셨으니
2) 율법 조문(Letter 字句)으로
　하지 아니하고
　오직 영으로 함이니

고전2:16

누가 주의 마음을 알아서
주를 가르치겠느냐
그러나
우리가 그리스도의 마음을
가졌느니라

---

❽

고후3:7-9
돌에 써서 새긴 죽게 하는
1) 율법 조문의 직분
　➡ 정죄의 직분

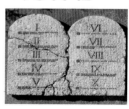

(마음에 기록한 새 언약)
2) 영의 직분
　➡ 의롭다고 여겨주는 직분은
　　영광이 더욱 넘치리라
* 롬6:1 그러면 행함은 중요하지 않
　다는 말이냐?

수건이 벗어진 자와 벗어지지 아니한 자의 갈등
사도권을 옹호하므로 복음을 보수함

고후3:1 우리가 어찌 어떤 사람처럼
        1) 추천서를 너희에게 부치거나 **할 필요가 있느냐**

행15:1 어떤 사람들이 유대로부터 내려와서
        2) 너희가 모세의 법대로 할례를 받지 아니하면
        능히 구원을 받지 못하리라
        * 육체로 자랑하려 함이라

사도는 눈물을 흘리면서
복음을 보수하며 변증한다

고후11:13-14
그런 사람들은 거짓 사도요
속이는 일꾼이니
1) **그리스도의 사도로**
   가장하는 자들이니라
2) **이것은 이상한 일이 아니니라**
   사탄도 자기를 광명의 천사로
   가장하나니

고후2:4
많은 눈물로 너희에게 썼노니

빌3:18
이제도 눈물을 흘리며 말하노니

행20:31
3년이나 쉬지 않고 눈물로
각 사람을 훈계하던 것을 기억하라

모든 이론을 무너뜨릴 무기가 무엇인가?
성경의 통일성 · 일관성 · 점진성을 드러내야 한다

고후10:4-5
우리의 싸우는 무기는
어떤 견고한 진도 무너뜨리는
하나님의 능력이라
모든 이론을 무너뜨리며
하나님 아는 것을 대적하여
높아진 것을 다 무너뜨리고
그리스도에게 복종하게 하니

엡3:8-9
바울의 두 가지 사명
1) 측량할 수 없는 그리스도의
   풍성함을 이방인에게 전하게
   (복음을 증언하고)
2) **영원부터 만물을 창조하신**
   하나님 속에 감추어졌던
   <u>비밀의 경륜(經綸)</u>을
   드러내게 하려 하심이라

명심해야 할 고린도후서의 심장(아홉 가지 요점)
단 한 번의 설교할 기회가 주어진다면?

고후5:18-21

1) 모든 것이 하나님께로서 났다
   (하나님이 다 해결해 놓으셨다)

2) 그들의 죄를 그들에게 돌리지
   아니하시고(어떻게 해결해 주셨는가?)

3) 하나님이 죄를 알지도 못하신 이로
   우리를 대신하여
   죄로 삼으신 것은(사53:6)

4) 하나님의 의가 되게 하려

⑬
고린도후서를 통해 교회에 촉구하는 바가 무엇인가?
하나님과 화목했는지 관계성을 점검하라

5) (먼저)우리를 자기와
   화목하게 하시고
   (화목한 자에게)
6) 화목하게 하는
   직분을 주시고
7) 화목하게 하는
   말씀을 부탁하셨느니라

8) 그러므로 우리가
   그리스도를 대신하여
   사신(使臣)이 되어
9) 그리스도를 대신하여
   간청하노니
   너희는 하나님과 화목하라

* 5장 = 여섯 번의 대신(代身) 등장

⑭
전투적인 격렬한 서신에서 연보를 권하는 의도
바울이 풀어야 할 난제, 유대인과 이방인을 화목시키는 일

고후8:14   이제 1) 너희의 넉넉한 것으로
                2) 그들의 부족한 것을 보충함은

롬15:27   만일 이방인들이
          그들의 영적인 것을 나눠 가졌으면
          육적인 것으로 그들을 섬기는 것이 마땅하니라

롬15:31   예루살렘에 대하여
          내가 섬기는 일을 성도들이 받을 만하게 하고

⑮
사도는 주 예수의 날을 주시하고 있다
그날에 슬피 울며 이를 갈 자들이 있다는 점이다

고후1:14 너희가
         1) 주 예수의 날에는
            우리의 자랑이 되고
         2) 우리가 너희의
            자랑이 되는 그것이라

살전2:19 우리의 소망이나
         자랑의 면류관이 무엇이냐
         3) 그가 강림하실 때
            주 앞에 너희가 아니냐

⑯
복음과 함께 고난을 당하는 동역자들께 위로의 말씀을 드린다
1장에 열 번 등장하는 위로를 받자

고후1:4
모든 환난 중에서 우리를 위로하사

1) 하나님께 받는 위로로써
2) 모든 환난 중에 있는 자들을
   능히 위로하게 하시는 이시로다

* 복음 전도자들은…

고후6:8-10
① 영광과 욕됨으로
② 무명한 자 같으나 유명한 자요
③ 근심하는 자 같으나
   항상 기뻐하는 자요
④ 가난한 자 같으나
   많은 사람을 부요하게 하는 자요
⑤ 아무 것도 없는 자 같으나
   모든 것을 가진 자입이다

You(도순)Tube

205강

갈라디아서

증인은 복음을 증언하고 변증한다

❶

갈1:2-3
갈라디아 여러 교회들
"비시디아 안디옥,
이고니온, 루스드라,
더베"등에 보낸
편지다.

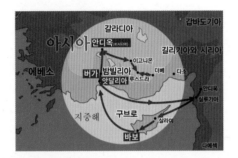

행14:6-7
루스드라와 더베와 그 근방으로 가서 복음을 전하니라

❷

이렇게 해서 세운 갈라디아 교회에
수건이 벗어지지 아니한 자들이 다른 복음을 전했다

행14:19
유대인들이 돌로 바울을 쳐서
죽은 줄로 알고
시외로 끌어 내치니라

행14:20
제자들이 둘러섰을 때에
바울이 일어나
1) 그 성에 들어갔다가
2) 이튿날 바나바와 함께
더베로 가서
(루스드라-더베=27km)

❸

1장의 중심점이 무엇인지 관찰해 보라
1장=바울이 전한 복음=세 번, 다른 복음=네 번

갈1:6 그리스도의 은혜로 너희를 부르신 이를
1) 이같이 속히 떠나 다른 복음을 따르는 것을
내가 이상하게 여기노라

갈1:7 다른 복음은 없나니
다만 어떤 사람들이 너희를 교란하여
그리스도의 복음을 변하게 하려 함이라

❹

내가 사도 된 것은, 내가 전한 복음은, 옹호한다
지금도 바울을 공격하는 이유, 바울이 전한 복음을 미워함이라

갈1:1

[사도]
사람들에게서 난 것도 아니요
사람으로 말미암은 것도 아니요
1) 오직 예수 그리스도와
그를 죽은 자 가운데서 살리신
2) 하나님 아버지로 말미암아
사도 된 바울은

갈1:11-12

[복음]
내가 전한 복음은
1) 이는 내가 사람에게서
받은 것도 아니요 배운 것도 아니요
2) 오직 예수 그리스도의
계시로 말미암은 것이라
(3:1, 6:14)

⑤ 그러면 거짓 교사들이 전한 다른 복음이 무엇인가?

갈1:8

① 우리나
② 혹은 하늘로부터 온 천사라도
　(행15:1)
③ 우리가 너희에게 전한
　복음 외에 다른 복음을 전하면
　<u>저주를 받을지어다</u>

갈5:3

내가 할례를 받는 각 사람에게
다시 증언하노니
* 할례를 받아야 구원?
2) 그는 율법 전체를
　<u>행할 의무를 가진 자라</u>
* 행할 수 없으니 저주받게…

⑥ 저주를 받을 지어다, 두 방면의 의미 기록된 바 나무에 달린 자마다 저주 받은 자라

① **갈3:13**
<u>그리스도께서 우리를 위하여</u>
<u>저주를 받은 바 되사</u> ⌐
율법의 저주에서
우리를 속량하셨으니
　* 그리스도90+할례10=구원?
　* 그리스도의 증인이라면?
얼마나 변증(辨證)하게 하며
얼마나 분(憤)하게 하며 ⌐

얼마나 두렵게 하며
얼마나 사모하게 하며(고후7:11)
　* <u>저주를 받을지어다</u>

② **신27:26**
율법의 말씀을
실행하지 아니하는 자는
<u>저주를 받을 것이라</u>
　* <u>너희가 저주를 받게 된다</u>

⑦ 예시 정으로 다듬은 설교냐? 쇠 연장을 대지 않은 설교냐?

출20:25 돌로 제단을 쌓거든
다듬은 돌로 쌓지 말라
네가 정으로 그것을 쪼면
부정하게 함이니라
(단독, 단번)

고전1:17 그리스도께서
　　　　　나를 보내심은
　　　　　1) 오직 복음을 전하게
　　　　　　 하려 하심이로되
　　　　　　 말의 지혜로 하지
　　　　　　 아니함은
　　　　　2) 그리스도의 십자가가
　　　　　　 <u>헛되지 않게</u>
　　　　　　 <u>하려 함이라</u>

⑧ 유대인이 그토록 집착한 할례의 구속사적인 의미가 무엇인가?

창17:11 너희는 포피를 베어라
　　　　　(할례) 이것이
　　　　　나와 너희 사이의
　　　　　<u>언약의 표징이니라</u>

신10:16 그러므로 너희는
　　　　　마음에 할례를 행하고
　　　　　다시는 목을 곧게 하지 말라

갈6:15 할례나 무할례가
　　　　　아무 것도 아니로되
　　　　　오직 새로 지으심을
　　　　　받는 것만이 중요하니라

갈6:13 할례를 받게 하려 하는 것은
　　　　　<u>자랑하려 함이라</u>

* 언약은 믿지 않고 표징만?

❾

갈2:16 사람이 의롭게 되는 것은?
1) 율법의 행위로 말미암음이 아니요
2) 오직 예수 그리스도를 믿음으로 말미암는 줄
   알므로 우리도 그리스도 예수를 믿나니
3) 율법의 행위로써는 의롭다 함을 얻을 육체가 없느니라

갈2:11 (문맥)게바(베드로)가 안디옥에 이르렀을
   내가 그를 대면하여 책망하였노라(우리라면?)

❿

갈3:11 아브라함에게는
   메시아언약을 주시고
1) 의인은 믿음으로 살리라
   하였음이라

갈3:12 모세에게는
   율법을 주셨으니
2) 율법을 행하는 자는 살리라
   하였느니라

⓫

롬3:20 율법으로는
   죄를 깨달음이니라

롬7:24 오호라
   나는 곤고한 사람이로다
   이 사망의 몸에서
   누가 나를 건져내랴

갈3:24 이같이 율법이
1) 우리를
   그리스도께로 인도하는
   초등교사가 되어
2) 우리로 하여금
   믿음으로 말미암아
   의롭다 함을
   얻게 하려 함이라

⓬

갈3:23,25
믿음이 오기 전에 율법 아래에
매인 바 되고, 믿음이 온 후로는
그리스도께로 인도하여

① 갈2:16
   오직 예수 그리스도를
   믿음으로 의롭다 함을 얻음

② 갈3:2
   너희가
   성령을 받은 것이(거듭난 것이)
   율법의 행위로냐 혹은
   듣고 믿음으로냐

⑬
4장의 중심점이 무엇인지 관찰해 보라
율법(하라)이 낳은 종이냐? 복음(사라)이 낳은 아들이냐?

갈4:6
너희가
아들이므로
하나님이
아들의 영을
우리 마음 가운데
보내사
아빠 아버지라
부르게 하셨느니라

갈4:7
그러므로
네가
이 후로는
종이 아니요
아들이니
아들이면
유업을 받을 자니라
롬8:2 너를 해방하였음이라

⑭
5장의 중심점은 무엇인지 관찰해 보라
율법의 종 노릇이냐? 사랑의 종 노릇이냐?

갈5:1
그리스도께서
우리를 자유롭게 하려고
자유를 주셨으니

1) 그러므로 굳건하게 서서
　 다시는 종의 멍에를 메지 말라

갈5:13
형제들아 너희가
자유를 위하여
부르심을 입었으나 그러나
그 자유로 육체의 기회를 삼지 말고

2) 오직 사랑으로 서로 종 노릇 하라

⑮
6장의 중심점은 무엇인지 관찰해 보라
육체를 위하여 심는 자냐? 성령을 위하여 심는 자냐?

갈6:8
(5:19 일과 22 열매)
1) 육체를 위하여 심는 자는
　 육체로부터 썩어질 것을 거두고
　 (육체의 일)
2) 성령을 위하여 심는 자는
　 성령으로부터
　 영생을 거두리라
　 (성령의 열매)

갈6:9
우리가 선을 행하되 낙심하지 말지니
포기하지 아니하면
때가 이르매 거두리라

고전3:12
① 금이나 은이나 보석
② 나무나 풀이나 짚으로
　 이 터 위에 세우면

⑯
형제가 그리스도의 증인인가?
복음을 전할 뿐 아니라 복음을 보수(保守)하고 변증(辯證)하는 자다

딤후4:7　나는 선한 싸움을 싸우고
　　　　 믿음을 지켰다(복음 보수)

딤전6:12　너도 믿음의 선한 싸움을 싸우라
　　　　　 영생을 취하라

딛3:8　　 이 말이 미쁘도다 원하건대 너는
　　　　 이 여러 것에 대하여 굳세게 말하라

You(도순)Tube

206강

에베소서
영광스런 교회, 현실의 교회
[옥중서신]

바울은 2차 선교여행 당시 에베소에 왔다

행18:19-20
에베소에 와서 회당에 들어가서
유대인들과 변론하니
여러 사람이
더 오래 있기를 청하되
허락하지 아니하고

행18:21 만일 하나님의 뜻이면 희에게 돌아오리라 하고
배를 타고 에베소를 떠나

3차 여행 당시 에베소에 다시 와서 심혈을 기울인 에베소 선교

행19:9-10
1) 두란노 서원에서
   날마다 강론하니라
2) 두 해 동안 이같이 하니 아시아에
   사는 자는 유대인이나 헬라인이나
   다 주의 말씀을 듣더라

행20:31
내가 3년이나 밤낮 쉬지 않고 눈물로 각 사람을 훈계하던 것을 기억하라

에베소서를 바울 신학의 면류관이라 한다
(엡1:1) 하나님의 뜻으로 말미암아 사도 된 바울은

엡1:4
그리스도 안에서 창세 전에
1) 우리를 택하사

엡2:6
또 함께 일으키사
그리스도 예수 안에서
2) 함께 하늘에 앉히시니
   얼마나 웅장하고 장엄한가!

엡3:9
영원부터 만물을 창조하신
3) 하나님 속에
   감추어졌던 비밀의 경륜

엡4:1
그러므로
주 안에서 갇힌 내가 권하노니

에베소서의 중심주제가 무엇인가?
교회론=열 한 번 등장, 교회을 어떻게 건설하는가?

엡1:22 만물을 그의 발 아래에
복종하게 하시고 그를 만물 위에
1) 교회의 머리로 삼으셨느니라
엡1:23 2) 교회는 그의 몸이니
   * 머리의 통치를 받아야 하죠

(교회) 만물 안에서 만물을
충만하게 하시는 이의 충만함이니라

그러면 교회의 용도는 무엇인가?

엡2:22

너희도
③ 성령 안에서
① 하나님이 거하실 처소가
　되기 위하여
② 그리스도 예수 안에서
　함께 지어져 가느니라
* 삼위 하나님의 사역이죠

계21:3

보라 하나님의 장막이
사람들과 함께 있으매
그들과 함께 계시리니
그들은 하나님의 백성이 되고
하나님은 친히
그들과 함께 계셔서(완성)

에베소서의 중심주제가 교회론이라면 에베소서의 핵심은 무엇인가?

엡1:10 하늘에 있는 것이나
　　　 땅에 있는 것이
　　　 그리스도 안에서
　　　 통일(統一)되게 하려
　　　 하심이라(누구로 세우죠)

엡2:14 (그리스도는)
　　　 우리의 화평이신지라
　　　 1) 둘로 하나를 만드사 2) 중간에 막힌 담을 자기 육체로 허시고
엡2:15 이 둘로 자기 안에서 한 새 사람을 지어 화평하게

1장의 중심점이 무엇인지 관찰해 보라 ① 교회건설의 준비라 할 수 있다

엡1:4 (성부) 창세 전에
　　 그리스도 안에서
　　 우리를 택하사

엡1:7 (성자)그리스도 안에서
　　 그의 은혜의 풍성함을
　　 따라 그의 피로
　　 말미암아 속량하심

엡1:13 (성령)너희도
　　 ① 구원의 복음을
　　 ② 듣고
　　 ③ 믿어 (삼위 하나님 사역)
　　 ④ 약속의 성령으로
　　　 인치심을 받았으니

성 삼위 하나님께서 이루어 주신 다섯 가지를 알기를 원하노라 기도한다

갈1:17-20 영광의 아버지께서 지혜와 계시의 영을 너희에게 주사
　　　 ① 하나님을 알게 하시고 너희 마음의 눈을 밝히사
　　　 ② 그의 부르심의 소망이 무엇인지 (알게 하시고)
　　　 ③ 그 기업의 영광의 풍성함이 무엇인지(알게 하시고 1:3을 보라)
　　　 ④ 그의 힘의 위력으로 역사하심을 따라 믿는 우리에게 베푸신 능력의
　　　　 지극히 크심이 어떠한 것을 너희로 알게 하시기를 구하노라
　　　 ⑤ 그의 능력이 그리스도 안에서 역사하사 죽은 자들 가운데서
　　　　 다시 살리시고 하늘에서 자기의 오른편에 앉히사
갈2:6 또 함께 일으키사 그리스도 예수 안에서 함께 하늘에 앉히시니

2장의 중심점이 무엇인지 관찰해 보라
둘로 하나를 만드사 중간에 막힌 담을 자기 육체로 허시고

엡2:20-21 너희는

1) 사도들과 선지자들의
   터 위에 세우심을 입은 자라
   (참고 : 고전3:11)
2) 그리스도 예수께서 친히
   모퉁잇돌이 되셨느니라
3) 그의 안에서 건물마다 서로
   연결하여 주 안에서
   성전이 되어 가고

엡2:22   너희도
하나님이 거하실
처소가 되기 위하여
함께 지어져 가느니라

여기가 정상이다
그리스도 안에서 통일되게 하려 하심이라

엡2:18

이는
1) 그로(예수 그리스도로) 말미암아
   * 우리 둘이(유대인과 이방인)
2) 한 성령 안에서
3) 아버지께 나아감을
   얻게 하려 하심이라
   (성 삼위 하나님)

엡2:19

그러므로 이제부터
너희는
① 외(국)인도 아니요
② 나그네도 아니요
③ 오직 성도들과 동일한 시민이요
④ 하나님의 권속(가족)이라

3장의 중심점은 무엇인지 관찰해 보라
봉헌 기도, 하나님의 영광이 성전에 충만했지요

엡3:14-15
이러므로 내가 아버지 앞에
무릎을 꿇고 비노니

엡3:18-19
하나님의 모든 충만하신 것으로
너희에게 충만하게 하시기를
구하노라

* 지식에 넘치는 그리스도의 사랑의
  그 너비, 길이, 높이, 깊이가
  어떠함을 깨달은 만큼

3장에 나타난 바울의 두 가지 사명
이것이 증인들의 사명이기도 하다

엡3:8

모든 성도 중에 지극히 작은 자보다
더 작은 나에게 이 은혜를 주신 것은

1) 측량할 수 없는 그
   리스도의 풍성함을
   이방인에게 전하게 하시고

엡3:9

영원부터 만물을 창조하신
하나님 속에

2) 감추어졌던 비밀의 경륜이
   어떠한 것을
   드러내게 하려 하심이라

4장의 중심점이 무엇인지 관찰해 보라
믿는 것과 아는 일에 하나가 되어

엡4:1 그러므로 권하노니
너희가 부르심을 받은 일에
합당하게 행하여

엡4:3 평안의 매는 줄로
성령이
하나 되게 하신 것을
힘써 지키라

엡4:4-6 몸이 하나요
성령도 한 분이시니
소망도 하나
주도 한 분이시요
믿음도 하나요
세례도 하나요
하나님도 한 분이시니

4:20 오직 너희는 그리스도를 그같이 배우지 아니하였다
4:30 하나님의 성령을 근심하게 하지 말라

엡4:11-15 어떤 사람은 복음 전하는 자로, 어떤 사람은
목사와 교사로 삼으셨으니

1) 이는 성도를 온전하게 하여
2) 봉사의 일을 하게 하며
3) 어린 아이=간사한 유혹에 빠져 온갖 교훈의 풍조에 밀려
   요동하지 않게 하려 함이라
4) 오직 사랑 안에서 참된 것을 하여
5) 범사에 그에게까지 자랄지라 그는 머리니 곧 그리스도라

5장의 중심점은 무엇인지 관찰해 보라
교회가 충만하려면=구성원이 충만해야 한다

엡5:18 술 취하지 말라 이는 방탕한 것이니
오직 성령으로 충만함을 받으라(무엇을 위해?)

① **엡5:19** 시와 찬송과 신령한 노래들로
서로 화답하며 주께 노래하며
찬송하며
② **엡5:22** 아내들이여

③ **엡5:25** 남편들아
④ **엡6:1** 자녀들아
⑤ **엡6:4** 또 아비들아
⑥ **엡6:5** 종들아 두려워하고 떨며
⑦ **엡6:9** 상전들아

비밀 중의 비밀
하나님이 짝지어 주신 것을 사람이 나누지 못할지니라

엡5:31 그 둘이 한 육체가 될지니
* 창2:24 아내와 합하여 둘이
한 몸을 이룰지로다

엡5:32 이 비밀이 크도다
그리스도와 교회(성도)의
관계라 말씀한다

고전 6:17 주와 합하는 자는
한 영이니라

요6:56 내 살을 먹고
내 피를 마시는 자
내 안에 거하고
나도 그의 안에 거하나니

엡6:10
끝으로 (앞에는 무엇이 있는가)
1-3장　교회가 건설되고
4장　하나 됨이 있고
5-6장　가정, 기업이 있다

엡6:11
(파괴하려는) 마귀의 간계를
능히 대적하기 위하여
하나님의 전신 갑주를 입으라

엡6:12
우리의 씨름은
혈과 육을 상대하는 것이 아니요
* 씨름은 1:1의 개념이죠

---

* 오늘의 교회 모습은
　에베소서의 교회론과
　너무 닮지 않은 것이 아닌가?

마16:18　내가 이 반석 위에
　　　　　　내 교회를 세우리니
　　　　　　음부의 권세가 이기지 못함
엡5:27　자기 앞에 영광스러운
　　　　　　교회로 세우실 것

엡3:4　그것을 읽으면
1) 내가 그리스도의 비밀을 깨달은
　 것을 너희가 알 수 있으리라

엡6:19　입을 열어
2) 복음의 비밀을
　 담대히 증언하는 것,
　 우리가 행해야 할
　 그리스도의 남은 고난이다.

엡2:17
또 오셔서
* 누구에게 오셨나요?

1) 먼 데 있는
　 너희에게 평안을 전하시고
2) 가까운 데 있는
　 자들에게 평안을 전하셨으니

골1:24
나는 받는 괴로움을
기뻐하고

1) 그리스도의 남은
　 고난이기 때문에
2) 그의 몸된 교회를 위하여
　 내 육체에 채우노라

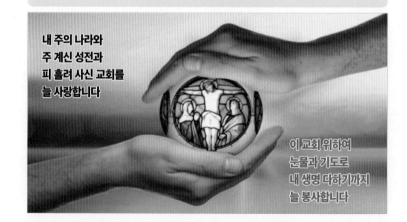

내 주의 나라와
주 계신 성전과
피 흘려 사신 교회를
늘 사랑합니다

이 교회 위하여
눈물과 기도로
내 생명 다하기까지
늘 봉사합니다

You(도순)Tube

207강

빌립보서

바울과 멍에를 같이 한 빌립보 교회
[옥중서신]

①

빌립보 교회가 세워지게 된 동기 2차 선교여행 당시이다

행16:6 성령이
아시아에서 말씀을
전하지 못하게 하시거늘

행16:9 밤에 환상 중에
마게도냐 사람이 청하여
이르되 마게도냐로
건너와서 우리를 도우라

행16:12 빌립보에 이르니
마게도냐 지방의 첫 성이요
또 로마의 식민지라

②

빌립보의 첫 열매가 루디아라는 여인이었죠

행16:13-15

강가에 나가 모인 여자들에게

1) 옷감 장사 **루디아**가
   바울이 증언하는 말을
   듣고 있을 때
2) 주께서 그 마음을 열어
   바울의 말을 따르게 하신지라

1) 그와 그 집이 다 세례를 받고
2) 나를 주 믿는 자로 알거든
   내 집에 들어와 유하라 강권하여
   <u>머물게 하니라</u>

③

귀신 들린 여종, 간수를 만나게 하셨죠

행16:16-26 점치는 귀신 들린 **여종**을 치료하죠
이로 인해 많이 맞은 후에 옥에 갇히게 되죠

1) 한밤중에 바울과 실라가
   기도하고 하나님을 찬송하매
2) 이에 갑자기 큰 지진이 나서
   매인 것이 다 벗어진지라

④

행16:40 두 사람이 옥에서 나와 루디아의 집에 형제들을 만나 보고 위로하고 가니라

행16:30-34

간수, 선생들이여
1) 내가 어떻게 하여야 구원을 받으리이까
2) 주 예수를 믿으라 그리하면 구원을 받으리라
3) 그 밤에 맞은 자리를 씻어 주고 자기와
   그 온 가족이 다 세례를 받은 후
4) 음식을 차려 주고 그와 온 집안이
   하나님을 믿으므로 크게 기뻐하니라

❺ 이처럼 섬기는 은사로 시작한 빌립보 교회죠
빌립보서를 기록하게 된 동기

빌4:10 내가 주 안에서 크게 기뻐함은
1) 너희가 나를 생각하던 것이
이제 다시 싹이 남이니

빌4:18 에바브로디도 편에
너희가 준 것을 받으므로 내가 풍족하니
2) 이는 받으실 만한 향기로운 제물이요
하나님을 기쁘시게 한 것이라

❻ 빌립보 교회는
바울과 멍에를 같이 한 교회였다

빌4:14-16
너희가 내 괴로움에
함께 참여하였으니
잘하였도다

1) 복음의 시초에
내가 마게도냐를 떠날 때에
주고 받는 내 일에 참여한 교회가
너희 외에 아무도 없었느니라

2) 데살로니가에 있을 때에도
너희가 한 번뿐 아니라
두 번이나 나의 쓸 것을
보내었도다

빌1:1 그리스도 예수의
종 바울과 디모데는

* 사도라는 언급이 없다.

❼ 이처럼 빌립보서는 참여의 서신이다
참여= 다섯 번(1:5, 1:7, 3:10, 4:14, 4:15)

빌1:3-5 내가 너희를 생각할 때마다
1) 나의 하나님께 감사하며
2) 간구할 때마다
너희 무리를 위하여
기쁨으로 항상 간구함은
3) 너희가 첫날부터
이제까지
복음을 위한 일에
참여하고 있기 때문이라

빌1:7 나의 매임과 복음을
변명함과 확정함에
너희가 다 나와 함께
은혜에 참여한 자가 됨이라

빌3:10 (바울 자신도) 그리스도와
그 부활의 권능과
그 고난에 참여함을
알고자 하여

❽ 빌립보 교회와 고린도 교회의 대조

고후8:1-2
형제들아 하나님께서
마게도냐 교회들에게 주신 은혜를
너희에게 알리노니
1) 환난의 많은 시련 가운데서
그들의 넘치는 기쁨과
2) 극심한 가난이
그들의 풍성한 연보를
넘치도록 하게 하였느니라

고후11:9
내가 너희와 함께 있을 때
1) 비용이 부족하였으되
아무에게도
누를 끼치지 아니하였음은
2) 마게도냐에서 온 형제들이
나의 부족한 것을
보충하였음이라

⑨ 빌립보서의 중심점이 무엇인가?
주님의 사역도 말씀도 아닌 주님의 마음이 중심점이다

빌2:5-8 너희 안에
이 마음을 품으라 곧
그리스도 예수의 마음이

1) (누구신가?)
그는 근본 하나님의 본체시나
하나님과 동등 됨을
취할 것으로 아니하시고

2) 오히려 자기를 비워
종의 형체를 가지사
사람들과 같이 되셨고

3) (무엇을 행해주셨는가?)
자기를 낮추시고
죽기까지 복종하셨으니
곧 십자가에 죽으심이라
* 이렇게 하신 주님의 마음을…

---

⑩ 주님의 마음을 알아 가르치고 주님의 심장으로 사랑한
그렇게 산 사람이 바울이다

고전2:16
누가 주의 마음을 알아서
주를 가르치겠느냐 그러나 우리가
그리스도의 마음을 가졌느니라

롬5:5
우리에게 주신 성령으로 말미암아
하나님의 사랑이
우리 마음에 부은 바 됨이니

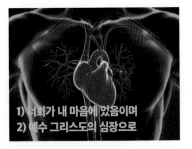

1) 너희가 내 마음에 있음이며
2) 예수 그리스도의 심장으로

너희를 얼마나 사모하는지
하나님이 내 증인이시니라 1:7-8

---

⑪ 그리스도인은 불신자의 성경이다

빌3:17

형제들아 너희는 함께
나를 본받으라

But why?

그리고 너희가 우리를 본받은 것처럼
그와 같이 행하는 자들을
눈여겨 보라

빌3:18

내가 여러 번
너희에게 말하였거니와
이제도 눈물을 흘리며 말하노니
여러 사람들이
그리스도의 십자가의
원수로 행하느니라

---

⑫ 우리가 본 받아야 할 바울의 영성
① 내 안에 그리스도가 사신다는 점을 명심했다

빌1:20-21   나의 간절한 기대와 소망을 따라

1) 아무 일에든지 부끄러워하지 아니하고
지금도 전과 같이 온전히 담대하여
2) 살든지 죽든지 내 몸에서 그리스도가
존귀하게 되게 하려 하나니
3) 이는 내게 사는 것이 그리스도니
죽는 것도 유익함이라(갈2:20)

⑬

우리가 본 받아야 할 바울의 영성
② 어떤 상황에서도 기뻐하고 기뻐했다

빌2:17-18 만일 너희 믿음의 제물과 섬김 위에
1) 내가 나를 전제(奠祭)로 드릴지라도
2) 나는 기뻐하고 너희 무리와 함께 기뻐하리니
3) 이와 같이 너희도 기뻐하고 나와 함께 기뻐하라

빌3:1 끝으로 나의 형제들아 주 안에서 기뻐하라

옥중서신이요 네 장에 기쁨=열 여섯 번 등장

⑭

우리가 본 받아야 할 바울의 영성
③ 앞에 있는 푯대를 향하여 계속 달려갔죠

빌3:12-14 내가 이미 얻었다 함도 아니요
온전히 이루었다 함도 아니라
1) 오직 내가 그리스도 예수께
잡힌 바 된 그것을 잡으려고 달려가노라
2) 뒤에 있는 것은 잊어버리고 앞에 있는 것을 잡으려고
3) 푯대를 향하여 달려가노라

히12:2 믿음의 주요 또 온전하게 하시는 이인 예수를 바라보자

⑮

우리가 본 받아야 할 바울의 영성
④ 어떤 형편에서도 일체의 비결을 배웠노라

빌4:11-13

빌립보 성도들이 보내준
예물을 받고도
1) 어떠한 형편에든지 나는
자족하기를 배웠노니
2) 나는 비천에 처할 줄도 알고
풍부에 처할 줄도 알아
3) 배고픔과 궁핍에도 처할 줄 아는

일체의 비결을 배웠노라
4) 내게 능력 주시는 자 안에서
내가 모든 것을
(감당)할 수 있느니라

빌4:14

그러나 너희가 내 괴로움에
함께 참여하였으니

⑯

하나님 곧 우리 아버지께서
채워주실 것이라

빌4:19

나의 하나님이 그리스도 예수 안에서
영광 가운데 그 풍성한 대로

1) 너희 모든 쓸 것을
채우시리라

빌4:20

하나님 곧
우리 아버지께

2) 세세 무궁하도록
영광을 돌릴지어다 아멘

⑰
전천후(全天候)적인 원동력은 어디서 오는가?
핵심은 주 안에, 그리스도 안에(20번, 164회 등장)였다

빌4:4   주 안에서
         항상 기뻐하라

빌4:6   아무 것도 염려하지 말고
         감사함으로
         하나님께 기도하라

살전5:16-18   기쁨, 기도, 감사

빌4:7   그리하면
         1) 모든 지각에 뛰어난
            하나님의 평강이
         2) 그리스도 예수 안에서
         3) 너희 마음과 생각을
            지키시리라

⑱

예수님 닮은 바울처럼
그렇게 살 순 없을까
욕심도 없이 당신들의 일생을
온전히 남을 위해 살듯이

You(도순)Tube

208강

골로새서

머리를 붙들지 아니하는 자들
[옥중서신]

❶
골로새 교회는
누구를 통해서 세워졌는가?

행19:10 (바울, 에베소)
두란노서원에서
두 해 동안 날마다 강론하니
유대인이나 헬라인이나
다 주의 말씀을 듣더라

골1:7 에바브라에게
너희가 배웠나니 **너희를 위한 그리스도의**
신실한 일꾼이요(손자?)

❷
(골1:9b) 너희로 하여금 모든 신령한 지혜와 총명에
하나님의 뜻을 아는 것으로 채우게 하시고

* 로마 옥중 바울을 찾아와서(4:18)
* 다른 복음을 전하는 자들이 침투했다

골1:8 성령 안에서
너희 사랑을 우리에게
알린 자니라
골1:9a 이로써 우리도 듣던 날부터
너희를 위하여 기도하기를
그치지 아니하고 구하노니

❸
이단에 대한 일곱 가지 치료책을 주목해 보시기를
① 예수가 누구신가, 무엇을 행해 주셨는가를 전해준다

골1:15 그는 보이지 아니하는
하나님의 형상이시요

골1:16 만물이 그에게서
창조되되

골1:14 그 아들 안에서
① 우리가 속량 곧
죄 사함을 얻었도다
골1:13 ② 그가 우리를 흑암의
권세에서 건져내사
그의 사랑의 아들의
나라로 옮기셨으니
골1:20 ③ 그의 십자가의
피로 화평을 이루사

❹
② 교회의 머리는 그리스도라고 요점을 말해준다
바울은 성경 어디에 근거해서 머리라 하는가?

골1:18 그는 몸인 교회의 머리시라
엡1:22 그를 만물 위에
교회의 머리로 삼으셨느니라

창2:21 여호와 하나님이
아담을
깊이 잠들게 하시고
갈빗대를 취하여
이는 내 뼈 중의 뼈요
살 중의 살이라(몸)

* 마지막 아담을 십자가에 깊이
잠들게 하시고 신부를 지어주셨죠

⑤

③ 너희는 하나님 속에 감추어졌던 비밀을 가진 자라는 점을 일깨워준다

골1:26

이 비밀은 (여섯 번 강조)
1) 만세와 만대로부터
   감추어졌던 것인데
2) 이제는 그의 성도들에게
   나타났고

골1:27

이 비밀은
3) 너희 안에 계신 그리스도시니
   곧 영광의 소망이니라

* 소유한 자들이죠

---

⑥

이 비밀이 큰 비밀이라 한다 이 비밀을 간직한 자는 결코 이단에 미혹되지 않는다

창2:24

하나가 둘이 되게 하신 후에
둘이 한 몸을 이룰지로다
(이를 통해서)

엡5:32

이 비밀이 크도다
그리스도와 교회의 관계
깨달았던 것이다.

* 주님과 나의 관계가
  ① 머리와 몸의 관계
  ② 둘이 합하여 한 몸을 이룬
     일체(一體)의 관계가 된거죠

갈1:12

이는 내가 사람에게서
받은 것도 아니요 배운 것도 아니요
오직 예수 그리스도의 계시로
말미암은 것이라

---

⑦

④ (골1:2) 너희는 그리스도 안에 있는 자라 한다
εν Χριστώ in Christ (164회)

엡1:4 창세 전에
그리스도 안에서
우리를 택하사

고전1:30 너희는
하나님으로부터 나서
그리스도 예수 안에 있고

요17:6 세상 중에서
내게 주신 사람들
그들은
아버지의 것이었는데
내게 주셨으며

---

⑧

여러분이 그리스도 안에 있으면 어떻게 되는 거신가?

롬6:4-8 우리의 옛 사람이
① 함께 십자가에 못 박힘
② 함께 죽었으면
③ 함께 장사되었나니
④ 함께 살 줄을 믿노니

골3:1 그리스도께서 하나님
우편에 계시느니라

엡2:6 함께 하늘에 앉히시니

골3:4 그리스도께서
나타나실 그 때에
너희도 그와 함께
영광 중에 나타나리라

⑨

⑤ 예수 그리스도를 영접한 사람들은 어떤 사람들인지를 말해준다

골2:3 그(그리스도) 안에는
지혜와 지식의 모든
보화가 감추어져 있느니라

골2:6 (그런데) 너희가
그리스도 예수를
주로 받았으니

고후4:7 우리가
이 보배를
질그릇에 가졌으니

마13:44 천국은 마치 밭에
감추인 보화와 같으니
(발견하고 소유)

---

⑩

⑥ 머리에 되어 진 일은 몸에도 되어 진 일이다 너희는 충만해졌다 그런데 왜 두리번거리느냐?

시133:2 머리에 있는
보배로운 기름이
아론의 수염에 흘러서
옷깃까지 내림 같고

골2:9 그(머리) 안에는
신성의 모든 충만이
육체로 거하시고

골2:10 너희도 그 안에서
충만하여졌으니

---

⑪

⑦ 그들은 머리를 붙들지 않는 자들이라 한다 이단(異端)이란 무엇인가?

골2:8 누가 철학과 헛된 속임수로 너희를 사로잡을까 주의하라

골2:20 너희가 세상의 초등학문(하나님 속에 감추어졌던 비밀에 비하면)

골2:11 너희가 손으로 하지 아니한 할례를 받았으니

골2:18 아무도 꾸며낸 겸손과 천사 숭배를 이유로 너희를 정죄하지 못하게 하라
그 육신의 생각을 따라 헛되이 과장하고

골2:19 머리를 붙들지 아니하는지라 온 몸이 머리로 말미암아
마디와 힘줄로 공급함을 받고 연합하여 자라게 하시느니라

골2:21 곧 붙잡지도 말고 맛보지도 말고 만지지도 말라 하는 것이니

---

⑫

그러면 어떻게 하는 것이 머리를 붙드는 것인가? 이 복음을 확고하게 붙들라 한다

골2:13-15
1) 우리의 모든 죄를 사하시고
2) 우리를 거스르고 불리하게 하는
법조문으로 쓴 증서를 지우시고
3) (증서) 제하여 버리사
4) 십자가에 못 박으시고
5) 통치자들과 권세들을 십자가로 그들을 이기셨느니라

* 사하시고, 지우시고, 제하여 버리사, 못 박으시고

---

⑬

골1:24 나는 너희를 위하여 받는 괴로움을 기뻐한다 그리스도의 남은 고난이기 때문이라 말한다

골1:24b 그리스도의 남은 고난을 위해 배필을 지어주심

* 먼저 고난은? 십자가 고난

엡2:17 또 오셔서(나중 고난)
1) 먼 데 있는 너희에게
   평안을 전하시고
2) 가까운데있는자들에게
   평안을 전하셨으니

⑭

그리스도를 위한 배필은 성숙한 자가 되어야 감당할 수 있다

골1:28
우리가
그를 전파하여
각 사람을 **권하고**
각 사람을 **가르침은**
각 사람을
그리스도 안에서
완전한 자로 세우려 함이니
(배필로 세우려)

골1:29
이를 위하여 **나도 내 속에서**
능력으로 역사하시는 이의
역사를 따라 힘을 다하여
수고하노라

⑮

마지막 한 마디 성령충만+말씀충만=그리스도의 남은 고난 감당

골3:16 그리스도의
1) 말씀이 너희 속에 풍성히 거하여
엡5:18-19 오직
2) 성령으로 충만함을 받으라

시와 찬송과 신령한
노래를 부르며
감사하는 마음으로
하나님을 찬양하고

성령

말씀

⑯

주께 두 손 모아 비나니
크신 은총 베푸사
밝아오는 이 아침을
환히 비춰주소서

You(도순)Tube

209강

데살로니가전서

복음은 그리스도의 재림으로 완성된다

①

데살로니가 교회는
바울의 2차 선교여행 때 세워졌다

행17:1-3
그들이(빌립보 옥에서 나와)
암비볼리와 아볼로니아를 거쳐
1) 데살로니가에 이르니
　거기 유대인의 회당이 있는지라
2) 세 안식일에 성경을 가지고
　강론했죠

내가 너희에게 전하는 이 예수가 곧 그리스도라

---

②

데살로니가 전서를 보내게 된 동기
갓 태어난 교회를 두고 떠나게 됐기 때문이다

행17:4
그 중의
1) 경건한 헬라인의 큰 무리와
　적지 않은 귀부인도
2) 권함을 받고 바울과 실라를 따르나

행17:5
유대인들이
저자의 불량한 사람들을
데리고 떼를 지어
성을 소동하게 하여

행17:10
밤에 바울과 실라를
베뢰아로 보내니

---

③

데살로니가-베뢰아-아덴

살전3:1-2
우리가 참다 못하여(아덴에서)
1) 하나님의 일꾼인
　디모데를 보내노니
2) 이는 너희를 굳건하게 하고

살전3:3
3) 아무도 이 여러 환난 중에
　흔들리지 않게 하려 함이라

---

④

위로하고 격려하기 위해서
데살로니가 전서를 보내게 되었다

살전3:6 지금은 디모데가
　　　　 너희에게로부터 와서

1) 너희 믿음과 사랑의
　기쁜 소식을 우리에게 전하고
2) 또 너희가
　항상 우리를 잘 생각하여
　우리를 간절히 보고자 한다 하니

살전3:7 모든 궁핍과 환난 가운데서
　　　　 너희 믿음으로 말미암아
　　　　 위로를 받았노라

❺ 데살로니가 전서의 중심주제가 무엇인가?

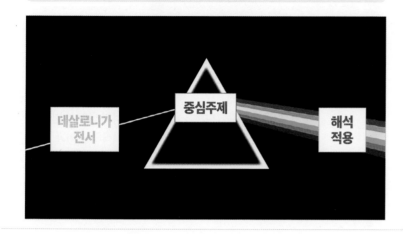

데살로니가 전서 → 중심주제 → 해석 적용

❻ 저는 데살로니가 전서의 중심주제를…

살전1:5

이는
1) 우리 **복음이**
   너희에게 말로만 이른 것이 아니라
   또한 능력과 성령과
   큰 확신으로 된 것임이라
   (복음=여섯 번 1:5, 2:2,4,8,9, 3:2)

살전2:4

오직 하나님께 옳게 여기심을 입어
2) **복음을 위탁 받았으니**
   사람을 기쁘게 하려 함이 아니요
   오직 우리 마음을 감찰하시는
   하나님을 기쁘시게 하려 함이라
   (고전1:17)

❼ 데살로니가 전서의 중심=복음, 핵심은 무엇인가?
각 장의 강조점이 어디에 맞춰져 있는지 주목하라

1장

1) 죽은 자들 가운데서
   다시 살리신
   그의 아들이
2) 하늘로부터 강림하실 것을
   기다리는지를 말하니(10)

2장

1) 우리의 소망이나 기쁨이나
   자랑의 면류관이 무엇이냐
2) 그가 강림하실 때
   우리 주 예수 앞에
   너희가 아니냐(19)

❽ 주님의 재림을 강조하는 의도(구원계획의 완성)
오늘날 재림을 강조하지 않는 원인은 무엇인가?

3장

1) 우리 주 예수께서 그의
   모든 성도와 함께 강림하실 때에
2) 하나님 우리 아버지 앞에서
   거룩함에 흠이 없게 하시기를
   원하노라(13)

4장

1) 주께서 하나님의 나팔 소리로
   친히 하늘로부터 강림하시리니
2) 그리스도 안에서
   죽은 자들이
   먼저 일어나고(16)

⑨ 만일 재림하심이 없다면 어떻게 되는가?

5장
1) 너희의 온 영과 혼과 몸이
2) 우리 주 예수 그리스도께서
   강림하실 때에
   흠 없게 보전되기를
   원하노라(23)

고전15:17-18
그리스도께서 다시
살아나신 일이 없으면
(재림이 없으면?)
1) 너희의 믿음도 헛되고
2) 여전히 죄 가운데 있을 것이요
3) 또한 그리스도 안에서
   잠자는 자도 망하였으리니
   (아닌가요?)

⑩ 주님의 재림은 하나님의 구원계획의 완성이다

계22:12-13 1) 보라
   내가 속히 오리니
   2) 나는
   알파와 오메가요
   처음과 마지막이요
   시작과 마침이라

계21:6 이루었도다
   나는 알파와 오메가요
   처음과 마지막이라

빌1:6 너희 안에서 일을
   시작하신 이가
   이루실 것을 확신하노라

⑪ 데살로니가전서는 목회자의 교과서라 할 것이다

① 살전1:3-4

너희의
1) 믿음의 역사와
2) 사랑의 수고와
3) 소망의 인내가(信望愛)
   있는 교회죠
   하나님의 사랑하심과
   택하심을 아노라

② 살전1:7-8

데살로니가 교회
1) 마게도냐와 아가야에 있는
   모든 믿는 자의 본이 된 교회죠
2) 너희 믿음의 소문이
   각처에 퍼진 교회죠
   우리는
   아무 말도 할 것이 없노라

⑫ 그리스도인의 표지인 믿음과 사랑

③ 살전3:6

1) 믿음과 사랑이 있는 교회죠
   엡1:15, 골1:4, 살전3:6, 몬1:5

살전5:8

우리는 낮에 속하였으니
정신을 차리고
2) 믿음과 사랑의
   호심경을 붙이고
   구원의
   소망의 투구를 쓰자(信望愛)

⑬

배운 대로 행하는 교회였다
더욱, 더욱 북돋아주는 교회

④ 살전4:1

너희가 마땅히
하나님을
기쁘시게 할 수 있는지를
우리에게 배웠으니
곧 너희가
행하는 바라
더욱 많이 힘쓰라

살전4:9-10

형제 사랑에 관하여는
너희에게 쓸 것이 없음은
1) 너희들 자신이 하나님의
   가르치심을 받아
   서로 사랑함이라
2) 형제들아 권하노니
   더욱 그렇게 행하라

⑭

어떻게 하면 이런 교회가 될 수 있는가?
두 가지 요점=무엇을 전했는가? 어떤 자세로 전했는가?

살전1:5-7
① 이는 우리 복음이 말로만 이른 것이 아니라
② 우리가 너희 가운데서 어떤 사람이 된 것은
   너희 아는 바와 같으니라(딤후2:20-21)

살전2:10
우리가 어떻게 거룩하고 옳고 흠 없이
행하였는지에 대하여 너희가 증인이요
하나님도 그러하시도다(딛1:16)

성령
능력
큰 확신
된 것임이라

⑮

데살로니가에서 복음을 어떤 방도로 전했는가?
증인의 핵심 사명, 증명(paratithemi)하는 것

행17:3 성경=뜻을 풀어

① 그리스도가
② 해를 받고 죽은 자 가운데서 다시
③ 살아나야 할 것을
  * 증언(명)하고 내가
    너희에게 전하는 이
    예수가=그리스도라

예언 성취

증명=Paratithemi
두 장면을 나란히 놓다

⑯

증명한 대표적인 내용을 들면

시22:16 악한 무리가 나를 둘러
       ① 내 수족을 찔렀나이다

사53:9 그는 강포를 행하지
       아니하였으나
       ② 그의 무덤이 악인들과
          함께 있었으며
       ③ 그가 죽은 후에
          부자와 함께 있었도다

대속제물이 되셨다는 점을 증명했겠죠?

사53:5
그가 찔림은
우리의 허물 때문이요
그가 상함은
우리의 죄악 때문이라
그가 징계를 받으므로
우리는 평화를 누리고
그가 채찍에 맞으므로
우리는 나음을 받았도다

사53:6
우리는

1) 다 양 같아서
   그릇 행하여
   각기 제 길로 갔거늘
2) 여호와께서는
   우리 모두의 죄악을
   그에게 담당시키셨도다

성경을 들어 주님의 부활하심을 증명(paratithemi)했을 것이다

시16:10
이는 내 영혼을 음부에
버리지 아니하시며

1) 주의 거룩한 자로
   썩지 않게 하실
   것임이니이다
   (다윗의 시 개역)

행2:29
다윗이
죽어 장사되어
그 묘가
오늘까지
우리 중에
있도다

주님의 재림을 paratithemi 했을 것이다
성탄-십자가-부활-승천-재림은 끊어지지 않는다

행17:31 이는 정하신 사람으로
하여금 천하를
1) 공의로 심판할 날을 작정하시고
2) 이에 그를 죽은 자 가운데서
   다시 살리신 것으로
   믿을 만한 증거를 주셨다
   (요나의 표적이죠)

슥14:5-7 나의 하나님 여호와께서
임하실 것이요 모든 거룩
한 자들이 주와 함께하리라

슥14:7 여호와께서 아시는
한 날이 있으리니
낮도 아니요 밤도 아니라
어두워 갈 때에
빛이 있으리로다

그리하여 3장에는 믿음=다섯 번(2, 5, 6, 7, 10),
굳게=세 번(2, 8, 13), 사랑=세 번(6, 12, 12) 강조

살전3:8 너희가 주 안에
굳게 선즉
우리가 이제는 살리라

살전3:9 우리가 하나님 앞에서
너희로 말미암아 모든
기쁨으로 기뻐하니
능히 어떠한
감사로 하나님께 보답할까

살전3:13 너희 마음을
굳건하게 하시고
주 예수께서 강림하실 때에
하나님 우리 아버지 앞에서
거룩함에 흠이 없게
하시기를 원하노라

㉑
하나님은 우리에게 무엇을 기대하는가?
세 가지 순서에 함의 된 뜻을 생각하라

살전5:16 -18 　항상 기뻐하라
　　　　　쉬지 말고 　　　　 (환난, 고난)
　　　　　범사에 감사하라

이것이 그리스도 예수 안에서
너희를 향하신
하나님의 뜻이니라

You(도순)Tube

210강

데살로니가후서

심판은 하나님의 공의로운 표다

❶

먼저 보낸 데살로니가 전서에서
주님의 재림을 각 장마다 강조하고 있었죠

1장 **죽은 자들 가운데서 다시**
살리신 그의 아들이 하늘로부터
강림하실 것을 기다린다(10)

2장 **우리의 자랑의 면류관이**
무엇이냐 그가 강림하실 때
너희가 아니냐(19)

3장 **우리 주 예수께서 그의**
모든 성도와 함께
강림하실 때에(13)

4장 **주께서 호령과**
하나님의 나팔 소리로
친히 강림하시리니(16)

5장 **너희의 온 영과 혼과 몸이**
우리 주 예수 그리스도께서
강림하실 때에 흠 없게
보전되기를 원하노라(23)

❷

데살로니가후서를 기록하게 된 동기

살후2:1
형제들아 우리가
너희에게 구하는 것은

1) 우리 주 예수 그리스도의
   강림하심과
   우리가 그 앞에 모임에 관하여

살후2:2-3
영으로나 말로나
우리에게서 받았다 하는 편지로나

2) 주의 날이 이르렀다고 해서
   쉽게 마음이 흔들리거나

3) 누가 어떻게 하여도 너희가
   미혹되지 말라

❸

신앙의 균형과 조화를 잡아주기 위해서이다
좌로나 우로나 치우치지 말라

살후3:11 우리가 들은즉

1) 너희 가운데 게으르게 행하여
   도무지 일하지 아니하고
2) 일을 만들기만 하는
   자들이 있다 하니

살후3:12
이런 자들에게
우리가 명하고
주 예수 그리스도 안에서 권하기를
조용히 일하여
자기 양식을 먹으라 하노라

❹

그런데 사도는 문제로 직행하지 않고
1장 : 먼저 감사와 격려부터 한다

살후1:3 형제들아 우리가
너희를 위하여
1) 항상 하나님께 감사할지니
2) 이것이 당연함은 너희의
   믿음이 더욱 자라고
   너희가 다 각기 서로
   사랑함이 풍성함이니

살후1:4 그러므로
3) 너희가 견디고 있는 모든
   박해와 환난 중에서
4) 너희 인내와 믿음으로 말미암아
   하나님의 여러 교회에서 우리가
   친히 자랑하노라

❺ 그러면 데살로니가 후서의 중심점은 무엇인가? 1장 본문에서 찾아보라

살후1:6 너희로 환난을 받게 하는 자들에게는 환난으로 갚으시고

살후1:7 환난을 받는 너희에게는 우리와 함께 안식으로 갚으시는 것이
하나님의 공의(公義)시니 주 예수께서 자기의 능력의 천사들과 함께
하늘로부터 불꽃 가운데에 나타나실 때에

살후1:8 하나님을 모르는 자들과 우리 주 예수의 복음에
복종하지 않는 자들에게 형벌을 내리시리니

살후1:9 이런 자들은 주의 얼굴과 그의 힘의 영광을 떠나
영원한 멸망의 형벌을 받으리로다

살후1:10 그 날에 그가 강림하사 그의 성도들에게서 영광을 받으시고
모든 믿는 자들에게서 놀랍게 여김을 얻으시리니

❻ 주님은 반드시 재림하신다 parousia 왜냐하면 구원계획과 영광이 재림으로 완성 되기 때문이다

[구원계획]

계21:3 (잃어버린 자들을)
1) 보라 하나님의 장막이
   사람들과 함께 있으매
   하나님이 함께 계시리니
   그들은 하나님의 백성이 되고
   하나님은 친히
   그들과 함께 계셔서

[재림의 완성]

사48:11 나는 나를 위하며
   나를 위하여
2) 이룰 이룰 것이라
3) 어찌 내 이름을 욕되게 하리요
   내 영광을
   다른 자에게 주지 아니하리라

❼ 주님은 반드시 재림하신다=중심점이면 핵심은 무엇인가? 본문에서 찾아보라

살후1:5 이는 하나님의 공의로운 심판의 표요 너희로 하여금 하나님의 나라에
합당한 자로 여김을 받게 하려 함이니 그 나라를 위하여
너희가 또한 고난을 받느니라(복음=가르는 기능 요3:18)

살후1:6 너희로 환난을 받게 하는 자들에게는 환난으로 갚으시고

살후1:7 환난을 받는 너희에게는 우리와 함께 안식으로 갚으시는 것이
하나님의 공의(公義)시니 주 예수께서 자기의 능력의 천사들과 함께
하늘로부터 불꽃 가운데에 나타나실 때에

살후1:8 하나님을 모르는 자들과 우리 주 예수의
복음에 복종하지 않는 자들에게 형벌을 내리시리니

살후1:9 이런 자들은 주의 얼굴과 그의 힘의 영광을 떠나 영원한 멸망의 형벌을 받으리로다

❽ 십자가=하나님의 공의를 자기 아들에게 나타내신 사건이다 그래도 공의의 심판을 부인할 것인가?

롬3:26 곧 이 때에
자기의 의로우심을
나타내사(공의)

롬3:25 이 예수를 하나님이
화목제물로
세우셨으니
프로티테마이(protithemai)
프로+티테미=합성어

프로=정면에, 앞에
티테미=전시(展示)하다

⑨

(계16:7) 번제단이 말하기를 주 하나님 전능하신 이시여 심판하시는 것이 참되시고 의로우시도다

롬3:26 곧 이 때에
자기의 의로우심을
나타내사
자기도 의로우시며
<u>예수 믿는 자를(칭의)</u>
<u>의롭다 하려 하심이라</u>

이렇게 까지 행해주셨는데도

살후1:8 하나님을 모르는 자들과
<u>우리 주 예수의 복음에</u>
<u>복종하지 않는 자들에게</u>
<u>형벌을 내리시리니</u>

* 최후심판도 하나님의 공의를
나타내심이다.

시58:11 그 때에 진실로 땅에서
심판하시는
하나님이 계시다

---

⑩

살후1:4 그러므로 너희가 견디고 있는 모든 박해와 환난 중에서 너희 인내와 믿음으로
말미암아 하나님의 여러 교회에서 우리가 친히 자랑하노라

살후1:5 이는 하나님의 공의로운 심판의 표요 너희로 하여금 하나님의 나라에 합당한
자로 여김을 받게 하려 함이니 그 나라를 위하여 너희가 또한 고난을 받느니라

살후1:6 너희로 환난을 받게 하는 자들에게는 환난으로 갚으시고

살후1:7 환난을 받는 너희에게는 우리와 함께 안식으로 갚으시는 것이 <u>하나님의 공의시니</u>
주 예수께서 자기의 능력의 천사들과 함께 하늘로부터
불꽃 가운데 나타나실 때에

살후1:8-9 하나님을 모르는 자들과 우리 주 예수의 복음에 복종하지 않는 자들에게
형벌을 내리시리니 이런 자들은 주의 얼굴과 그의 힘의 영광을 떠나
영원한 멸망의 형벌을 받으리로다

살후1:10 <u>그 날에 그가 강림하사</u> 그의 성도들에게서 영광을 받으시고
모든 믿는 자들에게서
<u>놀랍게 여김을 얻으시리니</u>

살후1:12 우리 주 예수의 이름이 너희 가운데서
너희도 그 안에서
<u>영광을 받으시고</u>
<u>영광을 받게 하려 함이라</u>

---

⑪

주 예수 세상에 다시 오실
그 날엔 뭇 성도 변화하여
주님의 빛나는 그 형상을
다 함께 보며 주 찬양하리

주님의 마음 본받아 살면서
그 거룩하심 나도 이루리

---

⑫

**2장은 재림의 때와 시기에 관한 언급인데
세 가지 난제를 만나게 된다**

살후2:3 누가 어떻게 하여도
너희가 미혹되지 말라
<u>먼저 배교(背敎)하는</u>
일이 있고
① <u>저 불법의 사람</u> 곧
멸망의 아들이
나타나기 전에는
그 날이 이르지
아니하리니

살후2:7 불법의 비밀이 이미
활동하였으나
지금은 그것을
② <u>막는 자가 있어</u>
그 중에서
<u>옮겨질 때까지 하리라</u>
③ <u>하나님의 성전에 앉아</u>
자기를 하나님이라
(살후2:4)

⑬ 하나님이 모르시게(허용작정) 일어나는 일이 가능하다? 불가능하다?

살후2:11 (적그리스도)
하나님이 미혹의 역사를
그들에게 보내사(교회 내)
거짓 것을 믿게 하심은

살후2:12 진리를 믿지 않고
불의를 좋아하는 **자들로 하여금**
심판을 받게 하려 하심이라
(딤후4:3 때가 이르리니)

살후2:13-14 사랑하사, 택하사,
구원을 받게 하심이니
복음으로 부르사,
그리스도의 영광을 얻게 하심이라

계20:2-3 마귀요 사탄
1) 잡아서 결박하여(막는 것으로)
2) 그 후에는 반드시 잠깐 놓이리라
(But why?) 미혹해보라!

⑭ 적그리스도의 그림자

단8:9-11
작은 뿔 하나가 나서(수리아 왕)
안티오쿠스 에피파네스

1) 스스로 높아져서
군대의 주재를 대적하며
그에게 매일 드리는 제사를
없애 버렸고
그의 성소를 헐었으며

단8:12
그의 악으로 말미암아
(범죄함을 인하여)

2) 백성이 매일 드리는 제사가
넘긴 바(붙인 바) 되었고

* 우리 주님도 우리 대신
내어준 바 되셨죠.

⑮ (계1:4) (하나님)이제도 계시고 전에도 계셨고 장차 오실 이시며(4:8), 적그리스도도…

요일2:18 적그리스도가 오리라는
말을 너희가 들은 것과 같이
지금도 많은
적그리스도가 일어났으니

요일4:3 예수 그리스도께서
육체로 오신 것을
부인하는 자들
(영지주의와 같은)

* 초대교회는
로마 폼페이, 티투스 장군,
도미티안 황제를 적그리스도로
* 종교개혁자들은
교황제도 자체를
적그리스도라 했죠
* 오늘날은 무엇을
적그리스도라 하는가?
종교다원주의 동성애

⑯

살후2:1-2 우리 주 예수 그리스도의 강림하심과 우리가 그 앞에 모임에 관하여 주의 날이
이르렀다고 해서 쉽게 마음이 흔들리거나 두려워하거나 하지 말아야 한다는 것이라

살후2:3 누가 어떻게 하여도 너희가 미혹되지 말라 먼저 배교하는 일이 있고
저 불법의 사람 곧 멸망의 아들이 나타나기 전에는 그 날이 이르지 아니하리니

살후2:4-7 하나님의 성전에 앉아 자기를   하나님이라고 내세우느니라 지금 그로 하여금
그의 때에 나타나게 하려 하여   막는 것이 있는 것을 아나니 불법의 비밀이
이미 활동하였으나 지금은 그것을   막는 자가 있어 그 중에서 옮겨질 때까지 하리라

살후2:8 그 때에 주 예수께서 그 입의 기운으로 그를 죽이시고
강림하여 나타나심으로 폐하시리라(parousia)

살후2:9-11 악한 자의 나타남은 하나님이 미혹의 역사를 그들에게 보내사 거짓 것을 믿게 하심은

살후2:12 진리를 믿지 않고 불의를 좋아하는 모든 자들로 하여금 심판을 받게 하려 하심이라

살후2:13-14 하나님이 너희를 택하사, 복음으로 너희를 부르사, 영광을 얻게 하려 하심이라

살후2:15-17 그러므로 형제들아 굳건하게 서서, 굳건하게 하시기를 원하노라

(살후3:2) 믿음은 모든 사람의 것이 아니니라

살후3:6 형제들아
우리 주 예수 그리스도의
이름으로 너희를 명하노니
게으르게 행하고
우리에게서 받은 전통대로
행하지 아니하는
모든 형제에게서 떠나라

살후3:16 평강의 주께서 친히
때마다 일마다
너희에게 평강을 주시고
주께서
너희 모든 사람과
함께 하시기를 원하노라

초림과 재림 사이를 어떻게 살 것인가?
안으로의 영성 · 밖으로의 영성 · 위로의 영성

딛2:11-13 모든 사람에게 구원을 주시는
하나님의 은혜가 나타나

> 1장 재림의 필연성
> 2장 때와 시기
> 3장 초림과 재림 사이

신중함과(근심함과 자신)
의로움과(이웃에 대해)
경건함으로(하나님께) 이 세상에 살고

딛2:13 예수 그리스도의 영광이 나타나심을 기다리게 하셨으니

살후3:1-2	믿음은 모든 사람의 것이 아니니라
살후3:3-4	너희를 굳건하게 하시고 명한 것을 너희가 행하고 또 행할 줄을 확신하노니
살후3:5	주께서 너희 마음을 인도하여 하나님의 사랑과 그리스도의 인내에 들어가게 하시기를 원하노라
살후3:6	게으르게 행하고
살후3:7	무질서하게 행하지 아니하며
살후3:8	오직 수고하고 애써 주야로 일함은
살후3:10	누구든지 일하기 싫어하거든 먹지도 말게 하라
살후3:11	게으르게 행하여 도무지 일하지 아니하고 일을 만들기만 하는 자들이 있다 하니
살후3:12	조용히 일하여 자기 양식을 먹으라 하노라
살후3:13	너희는 선을 행하다가 낙심하지 말라
살후3:14-15	우리 말을 순종하지 아니하거든 지목하여 사귀지 말고, 원수와 같이 생각하지 말고 형제 같이 권면하라
살후3:16	평강의 주께서 친히 때마다 일마다 너희에게 평강을 주시고 주께서 너희 모든 사람과 함께 하시기를 원하노라

그 언젠가 주 뵐 때까지
주를 위해 싸우리라
승리의 길 멀고 험해도
주님께서 나와 함께
싸워주신다

살아계신 주 나의 참된 소망
걱정 근심 전연 없네
사랑의 주 내 갈길 인도하니
내 모든 삶의 기쁨 늘 충만하네

You(도순)Tube

211강

디모데전서

하나님의 집에서 이렇게 행하라

❶

형제가 목회를 하고 있는 디모데의 입장이라면
목회를 준비하고 있는 신학생의 입장이라면

형제가 꿈꾸는 교회상은 어떤 것입니까?

❷

디모데 전서를 보내게 된 동기
그래서 목회서신이라고 한다

딤전1:3 내가 (바울)

　　　　마게도냐로 가면서

1) 너(디모데)를 권하여

　　에베소에 머물라 한 것은

　　어떤 사람들을 명하여

　　다른 교훈을 가르치지 말며

딤전3:15 만일 내가 지체하면

2) 너로 하여금

　　하나님의 집에서

　　어떻게 행하여야 할지를

　　알게 하려 함이니

❸

디모데 전서 Keyword
여덟 번 등장하는 명령이다

딤전1:1 우리 구주 하나님과

우리의 소망이신

그리스도 예수의

명령을 따라 ➡

그리스도 예수의

사도 된 바울은

딤전6:13 만물을 살게 하신

하나님 앞과

그리스도 예수 앞에서

내가 너를 명하노니

출39장=명하신 대로 열 번

40장=명하신 대로 여덟 번

* 하나님의 영광이 충만했죠

❹

디모데전서의 중심주제는 무엇인가?
하나님의 교회이다

딤전3:15 너로 하여금

　　1) 하나님의 집에서 **어떻게 행하여야 할지를 알게 하려 함이니**

　　2) 이 집은 살아 계신 **하나님의 교회요 진리의 기둥과 터니라**

행20:28 하나님이 자기 피로 사신 교회를 보살피게 하셨느니라

❺ **중심주제가 교회라면 핵심은 무엇인가?**
교회의 기둥과 터가 진리(眞理)여야 한다

딤전 3:16
크도다 경건의 비밀(秘密)이여(경건=아홉 번,Godliness)
　① <u>그는 육신으로 나타난 바 되시고</u>
　② 영으로 의롭다 하심을 받으시고(롬1:4)
　③ 천사들에게 보이시고(눅24:39)
　④ 만국에서 전파되시고
　⑤ 세상에서 믿은 바 되시고(딤후2:19)
　⑥ 영광 가운데서 올려지셨느니라(딛2:13)

┌─────────────────┐
│ 전·후서에서 │
│ <u>진리</u>=열 한 번 등장 │
└─────────────────┘

---

❻ **참 목자와 거짓 목자의 표지**
(딤후2:15) 너는 진리의 말씀을 옳게 분별하며

딤전1:3　어떤 사람들을 명하여
　　　　　1) <u>다른 교훈</u>을
　　　　　　 가르치지 말며
　　　　　2) <u>바른 교훈</u>
　　　　　　 이 교훈은
　　　　　　 내게 맡기신 바
　　　　　　 복되신
　　　　　　 하나님의 영광의 복음을
　　　　　　 따름이니라(1:10-11)

딤전6:3　누구든지
　　　　　<u>다른 교훈</u>을 하며
　　　　　<u>바른 말</u> 곧
　　　　　우리 주 예수 그리스도의
　　　　　말씀과
　　　　　경건에 관한 교훈을
　　　　　따르지 아니하면

---

❼ **목회서신에서 촉구하는 바가 무엇인가?**
선(善)한 싸움을 싸우라는 명령이다

딤전1:18

아들 디모데야
내가 네게 이 교훈으로써 명하노니
전에 너를 지도한

① <u>예언을 따라 그것으로</u>
　<u>선한 싸움을 싸우며</u>
　* 참조, 고전14:1

딤전6:11-12

오직 너
하나님의 사람아

② <u>믿음의 선한 싸움을 싸우라</u>
　<u>영생을 취하라</u>
　이를 위하여
　네가 부르심을 받았고

---

❽ **1장**
누구를 상대로 선한 싸움을 싸워야 하는가?

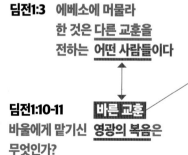

딤전1:3　에베소에 머물라
　　　　　한 것은 다른 교훈을
　　　　　전하는 <u>어떤 사람들</u>이다

딤전1:10-11
바울에게 맡기신 영광의 복음은
무엇인가?

바른 교훈

딤전1:15　미쁘다 모든 사람이
　　　　　받을 만한 이 말이여
　　　　　1) <u>그리스도 예수께서</u>
　　　　　　 <u>죄인을 구원하시려고</u>
　　　　　　 세상에 임하셨다 하였도다
　　　　　2) 죄인 중에 내가 괴수니라

딤전1:20　그 가운데 후메내오와
　　　　　알렉산더가(000) 있으니

영광의 복음=바른 교훈이면 다른 교훈은 무엇인가?

딤전1:4 신화와 끝없는 족보에
몰두하지 말게 하려 함이라
이런 것은 하나님의 경륜
(經綸)을 이룸보다

* 다른 교훈을 말하는 것만이
잘못이 아니라,
당연히 말해야 할 복음을
말하지 않는 것도 잘못이다.

딤전1:7 율법의 선생이 되려 하나
(성경의 선생?)

고전4:15 그리스도 안에
1) 일만 스승이 있으되
2) 아버지는 많지 않다
3) 내가 복음으로써
너희를 낳았음이라
* 거듭나게 할 수 있는가?
갈2:21

2장 무엇으로 선한 싸움을 싸우라 하는가?

딤전2:1 첫째로 권하노니
모든 사람을 위하여
간구와 기도(祈禱)와
도고와 감사를 하되

딤전2:8 그러므로 각처에서
거룩한 손을 들어
기도하기를 원하노라

딤전2:5 하나님은 한 분이시요 또
하나님과 사람 사이에
중보자도 한 분이시니
곧 사람이신
그리스도 예수라

요14-16장 다락방 강화
① 다른 보혜사 성령과
② 이름을 주고 가셨다

딤전2:1 그러므로 내가 첫째로 권하노니
모든 사람을 위하여 간구와 기도와 도고와 감사를 하되

딤전2:2 임금들과 높은 지위에 있는 모든 사람을 위하여 하라
이는 우리가 모든 경건과 단정함으로 고요하고 평안한 생활을 하려 함이라

딤전2:3 이것이 우리 구주 하나님 앞에 선하고 받으실 만한 것이니

딤전2:4 하나님은 모든 사람이 구원을 받으며 진리를 아는 데에 이르기를 원하시느니라

딤전2:5 하나님은 한 분이시요 또 하나님과 사람 사이에
중보자도 한 분이시니 곧 사람이신 그리스도 예수라

딤전2:6 그가 모든 사람을 위하여 자기를 대속물로 주셨으니
기약이 이르러 주신 증거니라

딤전2:8 그러므로 각처에서 | 남자들이 | 분노와 다툼이 없이
거룩한 손을 들어 기도하기를 원하노라

딤전2:9 이와 같이 | 여자들도 | 단정하게 옷을 입으며
소박함과 정절로써 자기를 단장하고

민감한 남녀의 역할 문제

* 제가 하나님의 구원계획을
증언하는 목적

요5:39 너희가 성경에서
영생을 얻는 줄 생각하고
성경을 연구하거니와
이 성경이 내게 대하여
증언하는 것이니라

* 성경 66권에 예수 그리스도가
어떻게 증언이 되고 있는가?

* 망원경과 현미경적 연구
목회서신적 답변?

* 누가 진리의 말씀을
옳게 분별하며(딤후2:15)

⑬
3장
선한 싸움을 싸우기 위해 제직을 세우라(행6:3)

딤전3:1 미쁘다 이 말이여,

감독의 직분

선한 일을 사모하는 것이라
함이로다

행20:28 여러분을
감독자로 삼고 하나님이
자기 피로 사신 교회를
보살피게 하셨느니라

딤전3:2-13 <u>감독은, 집사들은</u>

1) 자기 집을 잘 다스려
   자녀들로 모든 공손함으로
   복종하게 하는 자라야 할지며
2) 새로 입교한 자도 말지니
3) 또한 외인에게서도
   선한 증거를 얻은 자라야 할지니

⑭
(딤전3:9) 깨끗한 양심에
믿음의 비밀을 가진 자라야 할지니

엡3:4 그것을 읽으면 내가
<u>그리스도의 비밀</u>을 깨달은 것을
너희가 알 수 있으리라

엡6:19 나로 입을 열어 <u>복음의 비밀</u>을
담대히 알리게 하옵소서 할 것이니

＊ 현대교회의 문제
  장로, 권사, 집사의 기준을 낮춘대 있는 것은 아닌지

⑮
4장 어떻게 하는 것이 선한 싸움을 하는 것인가?
누가 더 일꾼(군사)를 잘 훈련시키는가?

딤전4:1
성령이 밝히 말씀하시기를
1) 후일에 어떤 사람들이
   믿음에서 떠나
<u>미혹하는 영과 귀신의
가르침을 따르리라</u>
(사탄의 진영)

딤전4:6
(하나님의 교회)
2) 그리스도 예수의
   <u>좋은 일꾼이 되어</u>

좋은 교훈으로
<u>양육(養育)을 받으리라</u>
＊ 비행기 1대 ←→ 병사 1명

⑯
목회에 지름길이나 비결은 없다
배우든지 가르치든지 하라

딤전4:13 내가 이를 때까지 읽는 것과 권하는 것과
<u>가르치는 것에 전념하라</u>

딤전4:15 이 모든 일에 <u>전심 전력하여</u>
<u>너의 성숙함을</u> (進步) 모든 사람에게 나타나게 하라

딤전4:16 네가 네 자신과

이것을 행함으로 네 자신과

<u>가르침을 살펴</u>
이 일을 계속하라
네게 듣는 자를 구원하리라

5장 어떻게 하는 것이 선한 싸움을 하는 것인가?
*교회 하나님의 집(3:15)=큰 가정, 작은 교회

딤전5:1 늙은이를 꾸짖지 말고 권하되 아버지에게 하듯 하며
젊은이에게는 형제에게 하듯 하고

딤전5:2 늙은 여자에게는 어머니에게 하듯 하며
젊은 여자에게는 온전히 깨끗함으로 자매에게 하듯 하라

딤전5:17 잘 다스리는 장로들은 배나 존경할 자로 알되
말씀과 가르침에 수고하는 (장로)들에게는
더욱 그리할 것이니라

6장 어떻게 하는 것이 선한 싸움을 하는 것인가?
마지막 장에서 다시 한 번 강조한다

딤전6:3 누구든지
다른 교훈 바른 말
우리 주 예수 그리스도의 말씀과
경건에 관한 교훈을 따르지 아니하면

딤전6:12 믿음의 선한 싸움을 싸우라
영생을 취하라 이를 위하여
네가 부르심을 받았고 많은
증인 앞에서 선한 증언을 하였도다

(딤전6:11) 오직 너 하나님의 사람아

딤전6:13-14
하나님 앞과 본디오 빌라도를 향하여 선한 증언을 하신
1) 그리스도 예수 앞에서 내가 너를 명하노니
   예수 그리스도께서 나타나실 때까지
2) 이 명령을 지키라

1장 다른 교훈과의 선한 싸움	**4장** 가르침을 통한 선한 싸움
2장 기도를 통한 선한 싸움	**5장** 섬김을 통한 선한 싸움
3장 직분 자를 통한 선한 싸움	**6장** 설교를 통한 선한 싸움

You(도순)Tube

212강

디모데후서

그러나 너는 달라야 한다
[최후서신]

디모데후서의 특성(音韻)

딤후1:1 하나님의 뜻으로 **말미암아** 그리스도 예수 안에 있는
생명의 <u>약속대로(전서=명령으로)</u>
사도 된 바울은

딤후1:2 사랑하는 아들 **디모데** 에게 편지하노니
은혜와 <u>긍휼</u>과 <u>평강</u>이 네게 있을지어다(딤전1:16)

* 핸들리 모울, 눈물 없이는 읽을 수 없는 서신이라.
* 존 칼빈, 성경의 어떤 책보다도 나에게 지대한 영향을 주었다.

디모데후서의 중심주제는 무엇인가? 다섯 번 등장하는 복음(福音)이다

딤후1:10 그는 복음으로써 생명과 썩지 아니할 것을 드러내신지라

딤후1:11 내가 이 복음을 위하여 선포자와 사도와 교사로 세우심을 입었노라

딤후1:8 너는 갇힌 자 된 나를 부끄러워하지 말고 복음과 함께 고난을 받으라

딤후2:8 내가 전한 복음대로 죽은 자 가운데서 다시 살아나신
예수 그리스도를 기억하라

딤후2:9 복음으로 말미암아 내가 죄인과 같이 매이는 데까지
고난을 받았으나 하나님의 말씀은 매이지 아니하니라

그러면 복음이 어떻게 해서 이루어진 것이라 하는가? 형제는 무엇을 위하여 세움을 받았다는 각성을 하게 되는가?

딤후1:10
그리스도 예수의 나타나심으로
(감추어졌던)
① 나타났으니
② 사망을 폐하시고(부활)
③ 복음으로써 생명과
썩지 아니할 것을
④ 드러내신지라

딤후1:11
내가 이 복음을 위하여
① 선포자와(딤전2:7)
* Kerygma이지,
Preach 아니다.
② 사도와
③ 교사로 세우심을 입었노라

디모데후서의 중심주제가 복음이라면 디모데후서의 핵심은 무엇인가?

딤후2:15 너는
① 진리의 말씀을 옳게 분별하며
② <u>부끄러울 것이 없는 일꾼으로</u> 인정된 자로
자신을 하나님 앞에 드리기를 힘쓰라

딤후1:8 오직 하나님의 능력을 따라
③ 복음과 함께 <u>고난을 받으라</u>

딤후2:3 너는 그리스도 예수의
좋은 병사로 ④ 나와 함께 <u>고난을 받으라</u>

딤후1:13 너는 내게 들은 바 바른 말을 본받아 **지키고**
딤후1:14 성령으로 말미암아 네게 부탁한 아름다운 것을 **지키라**

딤후2:2 내게 들은 바를 충성된 사람들에게 **부탁하라**
그들이 또 다른 사람들을 가르칠 수 있으리라

딤후4:2 너는 말씀을 **전파하라**
때를 얻든지 못 얻든지 항상 힘쓰라

딤후1:12 내가 이 고난을 받되
부끄러워하지 아니함은
1) 내가 믿는 자를 내가 알고
2) 내가 의탁한 것을
그 날까지 그가 능히
지키실 줄을 확신함이라

딤후4:6-7 전제와 같이
내가 벌써 부어지고
나의 떠날 시각이
가까웠도다
나는 ① 선한 싸움을 싸우고
② 나의 달려갈 길을 마치고
③ 믿음을 지켰으니(破船)

딤후2:9 내가 죄인과 같이 매이는
데까지 고난을 받았으나
하나님의 말씀은 매이지
아니 하니라

딤후2:8 내가 전한 복음대로
① 죽은 자 가운데서
② 다시 살아나신
예수 그리스도를
기억하라
* 마27:66 그들이 경비병과
함께 가서 돌을 인봉하고
무덤을 굳게 지키니라

딤후1:15 아시아에 있는 모든 사람이
나를 버린 이 일을 네가 아나니

딤후4:16 내가 처음 변명할 때에
나와 함께 한 자가 하나도 없고
다 나를 버렸으나

딤후4:17 주께서 내 곁에 서서 나에게 힘을 주심은
나로 말미암아 선포된 말씀이 온전히 전파되어

② 너, you, 你(디모데)

딤후1:4 네 눈물을 생각하여
<u>너 보기를</u> 원함은
내 기쁨이
가득하게 하려 함이니

딤후1:6 네 속에 있는 하나님의
은사를 다시 불일듯
하게 하기 위하여
너로 생각하게 하노니

딤후1:7-8 하나님이 우리에게
주신 것은 두려워하는
마음이 아니다

성령
능력
절제하는
마음이다

常常守着, 牢牢的守着
네게 부탁한 것을 지키라

딤후1:13 너는 내게 들은 바
바른 말을 본받아 <u>지키고</u>

딤후1:14 우리 안에 거하시는
성령으로 말미암아
네게 부탁한
아름다운 것을 <u>지키라</u>

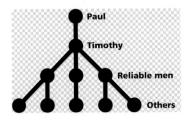

Paul
Timothy
Reliable men
Others

딤후2:2 내게 들은 바를
충성된 사람들에게
부탁하라 그들이
또 다른 사람들을
가르칠 수 있으리라

그러나 너는, But you, 但你

딤후3:5 경건의 모양은 있으나
경건의 능력은 부인하니
이 같은 자들에게서
<u>네가 돌아서라</u>

딤후3:14 <u>그러나 너는</u> 배우고
확신한 일에 거하라
너는 네가 누구에게서
배운 것을 알며

딤후4:5 <u>그러나 너는</u>
모든 일에 신중하여
고난을 받으며
전도자의 일을 하며

차렷! Attention! 立正!

딤후4:1-2 하나님 앞과
살아 있는 자와
죽은 자를 심판하실
그리스도 예수 앞에서

1) 그가 나타나실 것과
그의 나라를 두고
<u>엄(嚴)히 명하노니</u>

2) 너는 말씀을
① 전파하라 때를 얻든지
못 얻든지 항상 힘쓰라
범사에 오래 참음과
② 가르침으로 경책하며
경계하며 권하라

③ 그들, they, 他们
영적전쟁=입, 진리 대 비진리, 성령 대 악령

딤후2:17 그들의 말은 악성 종양이
퍼져나감과 같은데

딤후2:18 진리에 관하여는
그들이 그릇되었도다
부활이 이미
지나갔다 함으로
어떤 사람들의
믿음을 무너뜨리느니라

계16:13 내가 보매 개구리 같은
세 더러운 영이
1) 용의 입과
2) 짐승의 입과
3) 거짓 선지자의
입에서 나오니

(마23:33) 뱀들아 독사의 새끼들아
너희가 어떻게 지옥의 판결을 피하겠느냐

딤후2:25-26

혹 하나님이
1) 그들에게 회개함을 주사
진리(眞理)를 알게 하실까 하며
2) 그들로 깨어
마귀의 올무에서 벗어나
딤전3:7 마귀의 올무에 빠질까
딤전6:9 부하려 하는 자 시험과 올무

3) 하나님께 사로잡힌 바 되어
그 뜻을 따르게 하실까 함이라
(둘 중의 하나다)
그들로 깨어, 마귀의 올무,
사로잡힌 바 되어
(극도로 긴장 상태)
* 무대 뒤에서 벌어지는 무서운 활동이
생생하게 묘사되고 있다.
(존 스토트, 엠마오)

구약에 나타난 너와 그들

렘15:19

1) 네가
만일 헛된 것을 버리고
귀한 것을 말한다면

2) 너는
나의 입이 될 것이라

1) 그들은
네게로 돌아오려니와

2) 너는
그들에게로
돌아가지 말지니라
그러나 너는, But you!

그러면 너와 그들이
무엇으로 분별(分別)이 되는가?

딤후2:15 너는 진리의 말씀을
옳게 분별하며

고후2:17 우리는 수많은 사람들처럼
1) 하나님의 말씀을 혼잡
2) 순전함으로
하나님께 받은 것 같이

딤후4:3-4 때가 이르리니
1) 사람이 바른 교훈을 받지 아니하며
귀가 가려워서
2) 또 그 귀를 진리에서 돌이켜
허탄한 이야기를 따르리라

렘23:28 겨가 어찌
알곡과 같겠느냐

1) 우리가 주와 함께 죽었으면
   또한 함께 살 것이요
2) 참으면 또한 함께
   왕 노릇 할 것이요
3) 우리가 주를 부인하면 주도
   우리를 부인하실 것이라
4) 우리는 미쁨이 없을지라도
   주는 항상 미쁘시니 자기를
   부인하실 수 없으시리라

딤후4:8 이제 후로는 나를 위하여
의의 면류관이
예비되었으므로 주 곧
의로우신 재판장이
그 날에 내게 주실 것이며
내게만 아니라
주의 나타나심을
사모하는
모든 자(우리)에게도니라

고전3:12-15

만일 누구든지
금이나 은이나 보석이나
나무나 풀이나 짚으로
이 터 위에 세우면
1) 각 사람의 공적이 나타날 터인데
   그 날이 공적을 밝히리니
2) 그 공적이 불타면

고후1:14

우리 주 예수의 날에는
1) 너희가 우리의 자랑이 되고
2) 우리가 너희의 자랑이 되는
   그것이라

딤후3:1-2 너는 이것을 알라
말세에 고통하는 때가 이르러
사람들이 자기를 사랑하며
돈을 사랑하며

딤후4:3 때가 이르리니
사람이 바른 교훈을
받지 아니하며

딤후4:22 나는 주께서 네 심령에 함께 계시기를 바라노니
은혜가 너희(ooo)와 함께 있을지어다

내 인생 여정 끝내어
강 건너 언덕 이를 때
하늘 문 향해 말하리
예수 인도하셨네
매일 발걸음마다
예수 인도하셨네
나의 무거운 죄 짐을
모두 벗고 하는 말
예수 인도하셨네

You(도순)Tube

213강

디도서

너는 이것을 굳세게 말하라

❶

딛1:4 같은 믿음을 따라
나의 참 아들 된
디도에게 편지하노니
은혜와 평강이 네게 있을지어다
* 디모데는 반 유대인이었고
* 디도는 헬라인(갈2:3)이다.

딛1:5 내가 너를 그레데에 남겨 둔 **이유는** 남은 일을 정리하고
부족한 일을 바로잡고 내가 명한 대로 각 성에
장로들을 세우게 하려 함이니

❷

딛1:12
그레데인 중의
어떤 선지자가 말하되
그레데인들은
항상 거짓말쟁이며 악한 짐승이며
배만 위하는 게으름뱅이라
(이런 풍토에 세워진 교회)

딛1:7
감독은 하나님의 청지기로서

딛1:9
미쁜 말씀의 가르침을
1) 그대로 지켜야 하리니
2) 바른 교훈으로 권면하고
거슬러 말하는 자들을
책망하게 하려 함이라

❸

* 사도는 디모데전서와
디도서를 같은 시기에
기록하여 보냈다.
디도서를 디모데전서의
축소 판이라 한다.

* 그런데 루터는 짧은 서신에
기독교의 진수가
장엄하게 펼쳐져 있다고 한다.

* 그러면 기독교의 진수는 무엇이며

* 목회서신에서 이처럼 핵심교리를
말씀하는 의도가 무엇일까?

* 사도는 목회 기술(technic)을
가르치고 있는 것이 아니다.

❹

딛1:3 자기 때에 자기의 말씀을
전도로 나타내셨으니
이 전도는 우리 구주
(救主) 하나님이 명하신
대로 내게 맡기신 것이라

딛1:4 그리스도 예수 우리 구주
(救主)로부터 은혜와
평강이 네게 있을지어다

딛2:13 우리의 크신 하나님
구주(救主)
예수 그리스도의 영광이
나타나심을 기다리게

딛3:6 우리 구주(救主) 예수
그리스도로 말미암아

❺

예수 그리스도가 어떻게 해서 우리의 구주가 되셨는지 딛3:3-8의 ①-⑥을 설명해줄 수 있는가?

딛3:5 ① 우리를 구원하시되
우리가 행한 바 의로운 행위로 말미암지 아니하고
딛3:4 ② 하나님의 자비와 사람 사랑하심이 나타날 때에
딛3:6 ③ 우리 구주 예수 그리스도로 말미암아 2:14 속량하시고
딛3:7 ④ 의롭다 하심을 얻어, 영생의 소망을 따라
⑤ 중생의 씻음과 성령의 새롭게 하심으로
⑥ 상속자가 되게 하려 하심이라 * 2:14 자기 백성이 되게
딛3:8 너는 ⑦ 이 여러 것에 대하여 굳세게 말하라

---

❻

① 우리를 구원하시되 (딛3:5)

① **딛3:5** 우리를 구원하시되 우리가 행한 바
의로운 행위로 말미암지 아니하고
오직 그의 긍휼하심을 따라

엡2:8 너희는 그 은혜에 의하여
믿음으로 말미암아 구원을 받았으니
이것은 너희에게서 난 것이 아니요
하나님의 선물이라

---

❼

② 하나님의 자비와 사랑을 내나내심 (딛3:4) 사랑을 어떻게 나타내셨는가?

② **딛3:4** 우리 구주 하나님의 자비와
사람 사랑하심이 나타날 때에

요일4:9 하나님의 사랑이 우리에게 이렇게
나타난 바 되었으니 하나님이
자기의 독생자를 세상에 보내심은
그로 말미암아 우리를 살리려 하심이라

---

❽

③ 우리 구주 예수 그리스도로 말미암아 (딛3:6) 그리스도에게서 끊어지고 은혜에서 떨어진 자로다 (갈5:4)

③ **딛3:6** 예수 그리스도로 말미암아

롬5:10 우리가 원수 되었을 때에
그의 아들의 죽으심으로 말미암아

롬3:24 그리스도 예수 안에 있는 속량으로 말미암아

딛2:14 그가 우리를 대신하여 자신을 주심은
모든 불법에서 우리를 속량하시고

⑨ ④ 예수 그리스도로 말미암아 무엇을 얻었는가?
의롭다 하심과 ⑤ 중생을 얻었다

④ 딛3:7 우리로
그의 은혜를 힘입어
의롭다 하심을 얻어

⑤ 딛3:5 중생의 씻음과 성령의
새롭게 하심으로
하셨나니

롬3:24 그리스도 예수 안에 있는
속량으로 말미암아
하나님의 은혜로 값없이
의롭다 하심을 얻은 자
되었느니라

벧전1:23 너희가 거듭난 것은
썩어질 씨로 된 것이
아니요
썩지 아니할 씨로
된 것이니

⑩ ⑥ 자녀 됨이 끝이 아니다 자녀이면…
상속자가 되게 하려 하심이라

⑥ 딛3:7 영생의 소망을 따라 상속자가 되게 하려 하심이라

롬8:17 자녀이면 또한 상속자
곧 하나님의 **상속자요**(후사, 後嗣)
그리스도와 함께 한 상속자니

요17:24 아버지여 내게 주신 자도 나 있는 곳에
나와 함께 있어 아버지께서 내게 주신
나의 영광을 그들로 보게 하시기를 원하옵나이다

⑪ 하나님의 구원계획은 환원(還元), 만회(挽回)가 아니다
영광에서 영광에 이르니 곧 주의 영으로 말미암음이니라

딛2:13 예수 그리스도의 영광이 나타나심을
기다리게 하셨으니

빌3:21 우리의 낮은 몸을 자기 영광의 몸의
형체와 같이 변케 하시리라

고전15:49 우리가 흙에 속한 자의 형상을 입은 것 같이
또한 하늘에 속한 이의 형상을 입으리라

⑫ 구원에는 과거, 현재, 미래가 있다

1) 딛2:11 모든 사람에게
구원을 주시는
하나님의 은혜가 나타나

2) 딛2:13 복스러운 소망과
우리의 크신 하나님
구주 예수 그리스도의
영광이 나타나심을
기다리게 하셨으니

딛2:12 우리를 양육(養育)하시되
① 신중함과(안으로의 영성)
② 의로움과(밖으로의 영성)
③ 경건함으로(위로의 영성)
이 세상에 살고

* 교회는 하나님의 자녀, 하나님의 후사,
왕 같은 제사장(왕 세자) 양육기관 ,
목사님은 청지기, 교감?

⑬
3장에 나타난 성 삼위의 작품 :
① 하나님의 사랑(3:4) ② 그리스도로 말미암아(3:6) ③ 성령의 새롭게 하심(3:5)

딛3:8 믿는 자들로 하여금 조심하여 <u>선한 일을</u>
<u>힘쓰게 하려 함이라</u>(1:16, 2:7, 2:14, 3:1, 3:8)

딛2:5 이는 하나님의 말씀이
비방(誹謗)을 받지 않게 하려 함이라

딛2:10 이는 범사에 우리
<u>구주 하나님의 교훈을 빛나게 하려 함이라</u>

⑭
디도서에서 핵심교리를 강조하는 의도는 분명해졌다
복음에 확고한 자만이, 윤리에도 확고하기 때문이다

* 성도들의 믿음의 기초,
뿌리를 깊이 박게 하면!

딛2:2 늙은 남자로는
절제하며 경건하며 신중하며
딛2:3 늙은 여자로는
이와 같이 행실이 거룩하며
모함하지 말며 많은 술의 종
이 되지 아니하며

* **딛2:9-10** 종들은
훔치지 말고 오히려
모든 참된 신실성을
나타내게 하라
<u>이는 범사에</u>
<u>우리 구주</u>
<u>하나님의 교훈을</u>
<u>빛나게 해드리겠죠</u>

⑮
디도서에서도 예외 없이 너와 그들을 만나게 된다

딛2:1 <u>오직 너는</u>
바른 교훈에
합당한 것을 말하여
딛2:15 너는 이것을 말하고
권면하며
딛3:8 이 말이 미쁘도다
원하건대 너는
이 여러 것에 대하여
굳세게 말하라

딛1:16 그들이
하나님을 시인하나
행위로는 부인하니
가증한 자요
디도서의 그들이
오늘의 설교자인
나 자신은 아닌가!?

⑯
디도서에서도
바른 교훈과 헛된 말의 대결을 보게 된다

딛1:9 이는 능히
<u>바른 교훈으로 권면하고</u>
거슬러 말하는 자들을
책망하게 하려 함이라

딛2:1 오직 너는 바른 교훈에
합당한 것을 말하여

딛3:8 <u>너는 이 여러 것에</u>
<u>대하여 굳세게 말하라</u>

딛1:10 불순종하고 헛된 말을
하며 속이는 자가 많은 중
할례파 가운데 특히
그러하니

딛1:11 <u>그들의 입을 막을 것이라</u>

⑰

목회서신 Epilogue
정답은 없다 어느 말씀이 10점에 맞았는지 확인하고 싶어서다

① 디모데전서에서
　 요절을 택한다면?
② 디모데후서에서
　 요절을 택한다면?
③ 디도서에서
　 요절을 택한다면?
④ 택한 세 요절들의 핵심을 종합해서
　 한 문장으로 만든다면 목회서신이
　 어떤 명령이 될 것인가?

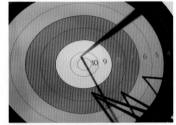

이상의 답을 이메일로 보내주시면
선정하여 싸인을 한
제 책 1권을 선물로 보내드리겠습니다.
yoodosun@hanmail.net

⑱

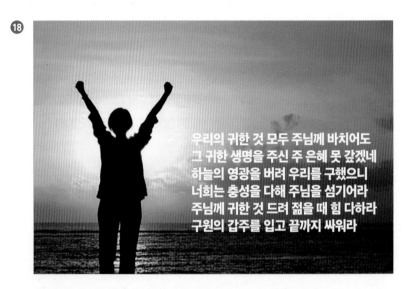

우리의 귀한 것 모두 주님께 바치어도
그 귀한 생명을 주신 주 은혜 못 갚겠네
하늘의 영광을 버려 우리를 구했으니
너희는 충성을 다해 주님을 섬기어라
주님께 귀한 것 드려 젊을 때 힘 다하라
구원의 갑주를 입고 끝까지 싸워라

You(도순)Tube

214강

빌레몬서

빌레몬서는 우리를 대면해서 책망한다

[옥중서신]

빌레몬서는 오늘도 우리에게 말씀하신다
The Bible Speaks Today

갈2:14
나는 그들이 복음의 진리를 따라
바르게 행하지 아니함을 보고

---

❷

빌레몬서에 등장하는 세 사람

1. 바울
  복음을 전파하다가 로마 옥중에 갇혀 있음

2. 빌레몬
  골로새교회 성도로(골4:17) 노예를 거느린 상전

3. 오네시모
  빌레몬의 노예로 도망을 쳤다가,
  로마 옥중의 바울을 만나 복음을 받고 중생함

---

❸

세 사람의 관계성, 전에는···

1. 바울과 빌레몬
  바울은 유대인이요
  빌레몬은 이방인

2. 바울과 오네시모
  바울은 바리새인이요
  오네시모는 노예

3. 빌레몬과 오네시모
  빌레몬은 상전이고
  오네시모는 그의 노예

---

❹

세 사람의 관계성, 이제는?

1. 바울과 빌레몬
  몬1:19 네 자신이 내게 빚진 것은
      내가 말하지 아니하노라

2. 바울과 오네시모
  몬1:10 갇힌 중에서 낳은 아들

3. 빌레몬과 오네시모는
  어떤 관계여야 하죠?
  몬1:16 형제로 둘 자라

---

❺ 하나님과의 관계도…

[바울의 그 때와 이제]

몬1:9 나 바울은 지금
예수 그리스도를 위하여
갇힌 자 되어

[너희의 그 때와 이제]

엡2:12 그 때에 너희는
그리스도 밖에 있었고
약속의 언약들에
대하여는 외인이요
세상에서 소망이 없고
하나님도 없는 자이더니

몬2:13 이제는 전에 멀리 있던
너희가 그리스도의 피로
가까워졌느니라

❻ 이런 놀라운 변화를 일으키게 한 열 한 번 등장하는 또 한 분이 빌레몬서의 주인공이다

몬1:1 그리스도 예수를 위하여
갇힌 자 된 바울

몬1:3 하나님 우리 아버지와
주 예수 그리스도로부터

몬1:5 주 예수와 및 모든 성도에 대한

몬1:9 나 바울은 지금 또
예수 그리스도를 위하여 갇힌

몬1:20 그리스도 안에서
몬1:23 그리스도 예수 안에서
몬1:25 우리 주 예수 그리스도

❼ 빌레몬서는 이렇게 시작된다 만일, 바울·빌레몬·오네시모 중 누구 한 사람이…

몬1:1-2 그리스도 예수를 위하여
갇힌 자 된 바울과 및
형제 디모데는

1) 우리의 사랑을 받는 자요
   동역자인 빌레몬과
2) **자매 압비아와 우리와 함께**
   병사 된 아킵보와
3) 네 집에 있는 교회에 편지하노니

몬1:3 하나님

1) 우리 아버지와
2) 주 예수 그리스도
   나는 주의 피로 값을 주고 사신
   주님의 노예(종)
3) 은혜와 평강이
   너희에게 있을지어다

❽ 다섯 번 등장하는 함께 그리스도 안에 있게 된 자들 만일 한 사람이라도 그리스도 밖에 있다면…

몬1:8 내가 그리스도 안에서
아주 담대하게 네게 마땅한 일로 명할 수도 있으나

몬1:16 하물며 육신과 주 안에서 상관된 네게라

몬1:20 오 형제여 나로 주 안에서 너로 말미암아 기쁨을
얻게 하고 내 마음이 그리스도 안에서 평안하게 하라

몬1:23 그리스도 예수 안에서 나와 함께 갇힌 자 에바브라와

⑨ 바울 · 빌레몬 · 오네시모=예수는 나의=Κύριος 퀴리오스 다섯 번 등장하는 주라고 고백한 사람들이다

몬1:3 하나님 우리 아버지와
주 예수 그리스도로부터

몬1:5 주 예수와

몬1:16 주 안에서 상관된 네게라

몬1:20 오 형제여 나로 주 안에서

몬1:25 우리 주 예수 그리스도의
은혜가 너희 심령과 함께 있을지어다

롬10:9 네가 만일 네 입으로 예수를 주로 시인하며

---

⑩ 그렇다면 주 안에서 변화된 세 사람의 관계와 사명이 무엇인가?

바울과 빌레몬
몬1:1 사랑을 받는 동역자 관계요

빌레몬과 오네시모의 관계
몬1:16 사랑 받는 형제가 됐죠

바울과 오네시모
몬1:12 그는 내 심복이라

롬16:4 그들은
내 목숨을 위하여
자기들의 목까지도
내놓았나니
* 세 사람의 공통사명

롬14:8 사나 죽으나
우리가 주의 것이로다
(그리스도의 심복이죠)

---

⑪ 예수를 Κύριος 퀴리오스로 고백한 자들에게는 그리스도인이라는 인증(認證)이 있다

몬1:4 내가 항상 내 하나님께 감사하고 기도할 때에 너를 말함은

몬1:5 주 예수와 및 모든 성도에 대한
네 사랑과 믿음이 있음을 들음이니

엡1:15 이로 말미암아 주 예수 안에서
너희 믿음과 모든 성도를 향한 사랑을 나도 듣고

골1:4 이는 그리스도 예수 안에 너희의
믿음과 모든 성도에 대한 사랑을 들었음이요

---

⑫ ① Q & A

몬1:12 네게 그를 돌려 보내노니

* 왜 돌려보내야만 합니까?
* 돌려보내지 않으면 무엇이 훼손될까요?

몬1:13 그를 내게 머물러 있게 하여
내 복음을 위하여 갇힌 중에서
네 대신 나를 섬기게 하고자 하나

몬1:14 다만 네 승낙이 없이는
내가 아무 것도 하기를 원하지 아니하노니

⑬

② Q & A

몬1:16 이 후로는 종과 같이 대하지 아니하고
<u>사랑 받는 형제로 둘 자라</u>

* 왜 형제로 대해야 하죠?
* 만일 그를 형제로 대하지 않으면 어떻게 되는가?

몬1:4 내가 항상 내 하나님께 감사하고 기도할 때에
너를 말함은

몬1:5 <u>주 예수와 및 모든</u> 성도에 대한 네 사랑과
<u>믿음이 있음을 들음이니</u>

⑭

③ Q & A

오네시모는
* 왜 돌아가야만 하죠?
* 만일 두려워서 돌아가지 않는다
  면 어떻게 되는 것이죠?

몬1:10
<u>갇힌 중에서 낳은 아들</u>
<u>오네시모</u>

마5:23-24
<u>그러므로 예물을 제단에</u>
<u>드리려다가 거기서</u>
네 형제에게 원망들을 만한 일이
있는 것이 생각나거든
<u>먼저 가서 형제와 화목하고</u>
<u>그 후에 와서 예물을 드리라</u>

⑮

빌레몬서는
악을 선으로 바꾸시는 하나님의 섭리를 깨닫게 한다

몬1:15

아마 그가

<u>잠시 떠나게 된 것은</u>

⬇

<u>영원히 두게 함이리니</u>

몬1:11

그가 전에는 네게
무익하였으나
이제는 나와 네게
<u>유익하므로</u>
<u>(오네시모)</u>

너로 하여금 그를

⑯

그에게 한 것이 내게 한 것이니라

몬1:17 그러므로 네가 나를 동역자로 알진대
<u>그를 영접하기를 내게 하듯 하고</u>

마25:40 내가 진실로 너희에게 이르노니
너희가 여기 내 형제 중에
지극히 작은 자 하나에게 한 것이
곧 내게 한 것이니라

⑰ 빌레몬서는 우리를 그리스도께 인도하는 내 발의 등이다

① **몬1:12** 네게 그를 돌려 보내노니

② **몬1:19** 나 바울이 친필로 쓰노니 내가 갚으려니와

③ **몬1:18** 그가 만일 네게 불의를 하였거나 네게 빚진 것이 있으면 그것을 내 앞으로 계산하라

계21:5 이 말은 신실하고 참되니 기록하라 하시고

고후5:19 그들의 죄를 그들에게 돌리지 아니하시고

딤전2:6 그가 모든 사람을 위하여 자기를 대속물로(속전) 주셨으니

⑱ 주인이 돌아와 결산할 날이 온다

몬1:22 오직 너는 나를 위하여 숙소(宿所)를 마련하라 너희 기도로 내가 너희에게 나아갈 수 있기를 바라노라

마25:19 오랜 후에 그 종들의 주인이 돌아와 그들과 결산할새

마25:20 주인이여 내게 다섯 달란트를 주셨는데 보소서 내가 또 다섯 달란트를 남겼나이다

마25:21 잘하였도다 착하고 충성된 종아

⑲ 나는 네가 순종할 것을 확신하므로

몬1:21 나는 네가 순종할 것을 확신하므로 네게 썼노니

네가 내가 말한 것보다 더 행할 줄을 아노라

몬1:20 오 형제여 나로 주 안에서 너로 말미암아 기쁨을 얻게 하고

내 마음이 그리스도 안에서 평안하게 하라

⑳ 예수 그리스도 곧 복음으로 말미암아 누구의 마음이 평안해졌을까요?

① 빌레몬 속에 용암처럼 끓어오르던 분노(憤怒)가 치유되어 빌레몬의 마음이 "그리스도 안에서 평안(平安)하게" 되었을 것이다.

② 오네시모를 사로잡고 있던 공포와 두려움이 치유되어 "그리스도 안에서 평안(平安)하게" 되었을 것이다.

③ 바울의 마음에 숙제로 남아 있던 문제가 해결이 되어 기쁨을 얻고 "그리스도 안에서 평안(平安)하게" 되었을 것이다. 이것이 복음이 주는 "은혜와 평강"이다.

④ 우리도 말씀하신 것보다 더욱 순종함으로 주님의 마음을 "기쁘시고, 평안하시게" 해드리지 않으시렵니까?

㉑

빌레몬서는 우리를 대면하여 책망한다

빌레몬서에서

① 바울은 주님의 대리자로

② 빌레몬은 교회의 모형으로
몬1:2 네 집에 있는 교회에 편지

③ 오네시모는 우리 모두의
처지를 대변하고 있다.

1. 바울을 통해
그리스도의 마음을 생각한다.
2. 빌레몬을 통해
내가 받아주어야 할 오네시모가
누구인지를 생각한다.
3. 오네시모를 통해서
"나 같은 죄인",
주님께 돌아가야 할
자신의 모습을 본다.

㉒

(마5:10) 의를 위하여 박해를 받은 자는 복이 있나니 천국이 그들의 것임이라

* 복음은
사람을 변화시키고
* 사람은
사회를 변화시킨다

㉓

다 함께 찬양합시다

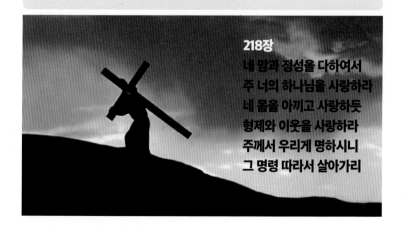

218장
네 맘과 정성을 다하여서
주 너의 하나님을 사랑하라
네 몸을 아끼고 사랑하듯
형제와 이웃을 사랑하라
주께서 우리게 명하시니
그 명령 따라서 살아가리

You(도순)Tube

215강

히브리서 1

우리에게는 이러한 대제사장이 계신다

❶
두 부분으로 되어 있는 히브리서
앞 부분=대제사장, 뒷 부분=믿음의 응답

1-10장 (교리)

히8:1   지금 우리가 하는 말의 요점(要點)은
이러한 대제사장이 우리에게 있다는 것이라
그는 하늘에서 지극히 크신 이의
보좌 우편에 앉으셨으니

11-13장 (윤리)

히10:39   우리는 뒤로 물러가 멸망할 자가 아니요 오직
영혼을 구원함에 이르는 믿음을 가진 자니라

히11:1   믿음은 바라는 것들의 실상이요

❷
앞 부분 중심주제는 대제사장이다
어찌하여 제사장(서른 한 번)이 필요하게 되었는가?

사59:2   오직 너희 죄악이 너희와
하나님 사이를
갈라 놓았고

딤전2:5   하나님은 한 분이시요
또 하나님과 사람 사이에
중보자도 한 분이시니
곧 사람이신
그리스도 예수라

마20:28   인자가 온 것은
자기 목숨을 많은 사람의
대속물로 주려 함이니라

❸
히브리서의 기록목적

히10:39   우리는 뒤로 물러가
멸망할 자가 아니요
(후퇴하면…)
오직 영혼을
구원함에 이르는
믿음을 가진 자니라
(오직 전진--)

* 현대교회에 더욱 적실성이 있는
히브리서이다.

히5:11   너희가 듣는 것이
둔하므로 설명하기
어려우니라
(둔함, 6:12 게으름
=nothros 노드로스)

히5:12   때가 오래 되었으므로
너희가 마땅히 선생이
되었을 터인데, 젖이나
먹어야 할 자가 되었도다
(원인, 10:25 모이기를…)

❹
히브리서는 이렇게 시작된다
(3:5) 모세는 장래에 말할 것을 증언하기 위하여

히1:1   옛적에(누구에 대하여)
여러 부분과
여러 모양으로
우리 조상들에게
말씀하신 하나님

* 언약, 예언, 예표, 그림자, 모형
등으로

히8:5   그들이 섬기는 것은
하늘에 있는 것의
모형과 그림자라

히9:10   이런 것은 육체의
예법일 뿐이며
개혁(改革)할 때까지
맡겨 둔 것이니라

❺

우리의 대제사장은 어떤 분이신가? 무엇을 행해주셨는가?
모형과 그림자 히7:28과 히1:2-3을 대조해 보라

히7:28   율법은

1) 약점을 가진 사람들을
   제사장으로 세웠으나
2) 영원히 온전하게 되신
   아들을 세우셨느니라
3) 1:2 그로 말미암아
   모든 세계를 지으셨느니라
   (천사 · 모세 · 아론 보다 크시다)

히1:3   이는

4) 하나님의 **영광의 광채시요**
   그 본체의 형상이시라
5) 죄를 정결하게 하는 일을 하시고
   (하나님) 우편에 앉으셨느니라

❻

첫째 부분의 핵심이 무엇인가?
히10:4과 히10:10을 대조해 보라

히10:4   이는
   황소와 염소의 피가
   능히 죄를
   없이 하지 못함이라

히10:10   이 뜻을 따라
   예수 그리스도의 몸을
   단번에 드리심으로
   우리가 거룩함을 얻었노라

히9:15   그는 새 언약의 중보자시니
   첫 언약 때에 범한 죄에서
   속량하려고 죽으사

❼

히10:11과 히10:12을 대조해 보라

히10:11   제사장마다 매일
   서서
   섬기며
   자주 같은
   제사를 드리되
   이 제사는 언제나 죄를
   없게 하지 못하거니와

히10:12   오직 그리스도는
   죄를 위하여 한 영원한
   제사를 드리시고
   하나님 우편에
   앉으사

❽

히7:23과 히7:24을 대조해 보라

히7:23   제사장 된 그들의
   수효가 많은 것은

   죽음으로 말미암아
   항상 있지 못함이로되

히7:24   예수는
   영원히 계시므로

   그 제사장 직분도
   갈리지 아니하느니라

히9:8과 히10:20을 대조해 보라

히9:8 성령이 이로써 보이신 것은
첫 장막이 서 있을 동안에는
성소에 들어가는 길이
아직 나타나지 아니한 것이라

히10:20 길은 우리를 위하여
휘장 가운데로 <u>열어 놓으신</u>
새로운 살 길이요
휘장은 곧 그의 육체니라

히9:24과 히6:20의 대조
스무 번 이상 강조하고 있는 들어감을 주목하라

히9:24 그리스도께서는
1) 참 것의 그림자인
손으로 만든 성소에
들어가지 아니하시고
2) 바로 그 하늘에 **들어가사**
이제 우리를 위하여
하나님 앞에 나타나시고

히6:20 그리로 앞서 가신
예수께서
영원히 대제사장이 되어
3) 우리를 위하여 **들어 가셨느니라**

히10:19 그러므로 형제들아 우리가
예수의 피를 힘입어
(지)성소에 들어갈
담력을 얻었나니

여섯 번 강조하는 "단번"을 주목하라

* **구약시대**의 반복적인 제사와 **주님**의 <u>단번</u>의 제사가 여섯 번 이나
(7:27, 9:12, 26, 28, 10:2, 10) 강조되어 있는데
찾아서 둘레 씌우기로 표시하시기 바란다.

"이러한 대제사장을 우리가 모셨다"는 것은
얼마나 중요한 일이냐는 것이다.

하나님의 아들이 육신을 입고 오셔서
우리를 형제라 부르시기를 부끄러워하지 않으셨다

히2:14 그도 또한 같은 모양으로혈과 육을 함께 지니심은
히2:11 형제라 부르시기를 부끄러워하지 아니하시고
1) 죽기를 무서워하므로(히2:15)
2) 한평생 매여 종 노릇 하는 모든 자들을
놓아주려(시107:16)

⑬

형제라 부르시기를 부끄러워하지 아니하셨다면(교훈과 신학) 체면의 문제인가? 책임의 문제인가?

레25:25 만일 네 형제가 가난하여 그의 기업 중에서 얼마를 팔았으면
그에게 가까운 기업 무를 자가 와서
그의 형제가 판 것을 무를 것이요

레25:47 네 형제가 가난하여 종으로 팔리면

레25:48 형제 중 하나가 그를 속량하라(속량, 대속하라)

⑭

내려오심은 우리를 하나님께 인도하시기 위해서요 가난해지심은 우리를 부요하게 하기 위해서이다

고후8:9 우리 주 예수 그리스도의 은혜를
너희가 알거니와
1) 부요하신 이로서 너희를 위하여
가난하게 되심은
2) 그의 가난함으로 말미암아 너희를
부요하게 하려 하심이라

잠19:7 가난한 자는 그 형제들에게도 미움을 받거든 하물며 친구랴
그를 멀리 아니하겠느냐 따라가며 말하려 할지라도 없어졌으리라

⑮

혈육(血肉)을 입고 오신 의도가 무엇인가? 핵심, 우리의 형제가 되셔서 대신 죽으시기 위해서이다

히2:9 이를 행하심은
모든 사람을 위하여
죽음을 맛보려 하심이라

히2:17 이는 하나님의 일에
자비하고 신실한
대제사장이 되어
백성의 죄를
속량하시기 위해서죠

롬5:8 우리가 아직
죄인 되었을 때에
┌ 그리스도께서
│ 우리를 위하여
└ 죽으시기 위해서죠

롬5:10 곧 우리가
원수되었을 때에
→ 그의 아들의 죽으심으로

⑯

승리의 비결은 십자가 부활이다 (골2:15) 십자가로 그들을 이기셨느니라

히2:14

그도 또한 같은 모양으로
1) 혈과 육을 함께 지니심은
2) 죽음을 통하여
3) 죽음의 세력을 잡은 자
곧 마귀를 멸하시며

고전2:7-8

오직 은밀한 가운데 있는
하나님의 지혜를 말하는 것으로서
1) 곧 감추어졌던 것인데
2) 만일 알았더라면 영광의 주를
십자가에 못 박지 아니하였으리라

⑰
우리의 구원은 합당하게 행해주신 구원이다 정정당당하게 행해주셨다

히2:10

많은 아들들을 이끌어
영광에 들어가게 하시는 일에

그들의 구원의 창시자를
고난을 통하여 온전하게 하심이
합당(合當)하도다

히2:17

신실한 대제사장이 되어
백성의 죄를 속량하려 하심이라

그러므로 그가 범사에
형제들과 같이 되심이
마땅하도다

⑱
신약성경이 가장 역설하고 있는 것이 무엇인가?

히8:1

지금 우리가 하는
말의 요점은
이러한 대제사장이
지극히 크신 이의
보좌 우편에 앉으셨으니

히10:12 오직 그리스도는 죄를
위하여 한 영원한 제사를
드리시고
하나님 우편에 앉으사

시110:1 내 오른쪽에 앉아 있으라

* 이점을 히브리서에서만
다섯 번(1:3,13, 8:1, 10:12, 12:2)이나
강조하고 있다.
* 이를 강조하는 의도가 무엇인가?
히9:28, 마18:10, 삿21:25

⑲
하나님 우편에 계신 우리 대제사장은 약속하신 대로 영접하러 다시 오신다

히9:28 그리스도도
많은 사람의 죄를
담당하시려고
단번에 드리신 바 되셨고

1) 구원에 이르게 하기 위하여
죄와 상관 없이
자기를 바라는 자들에게
두 번째 나타나시리라

요14:2 내 아버지 집에
거할 곳이 많도다
그렇지 않으면
너희에게 일렀으리라

2) 내가 다시 와서
너희를 내게로 영접하여
나 있는 곳에
너희도 있게 하리라

⑳
하나님의 구원계획은 우리의 구원도 끊어지지 않는다

히브리서는 예수님의

탄생 히2:7	고난 히2:9	부활 히2:9	승천 히8:1	재림 히9:28
미리 아시고	미리 정하시고	부르시고	의롭다 하시고	영화롭게 하셨다

㉑

결론과 적용

히3:1 **그러므로 함께 하늘의 부르심을 받은 거룩한 형제들아**

우리가 믿는 도리의 사도이시며
대제사장이신 예수를 깊이 생각하라

히4:14 **그러므로 우리에게**
큰 대(큰)제사장이 계시니
우리가 믿는 도리를
굳게 잡을지어다

You(도순)Tube

216강

히브리서 2

나의 의인은 믿음으로 말미암아 살리라

❶

히브리서 둘째 부분의 중심주제는 믿음(서론 두 번)이다
복음+들음+믿음=결부시켜야

히4:2
그들과 같이 우리도
복음(福音) 전함을 받은 자이나

1) 들은 바 그 말씀이
   그들에게
   유익하지 못한 것은
   듣는 자가 믿음과
   결부시키지 아니함이라

히10:38
나의 의인은

2) 믿음으로
   말미암아
   살리라
   뒤로 물러가면
   내 마음이 그를
   기뻐하지 아니 하리라 하셨느니라

---

❷

그러면 무엇을 믿는 믿음으로 살아야 할까?
맹세로 보증하신 약속을 이루실 것을 믿는 믿음으로 살아야 한다

히6:17-18
하나님이
거짓말을 하실 수 없는 두 가
지 변하지 못할 사실

1) 하나님의 약속과

2) 맹세로 보증하셨나니

3) 큰 안위(安慰)를 받게
   하려 하심이라

롬4:21 (아브라함) 약속하신 그것을 또한
능히 이루실 줄을
확신하였으니

시57:2 (다윗) 내가 하나님께
부르짖음이여
나를 위하여 모든 것을
이루시는 하나님께로다

빌1:6 (바울) 너희 안에서
착한 일을 시작하신 이가
이루실 줄을 확신하노라

---

❸

히브리서 두 번째 부분 핵심이 무엇인지 주목하라
믿음으로 말미암아 살리라가 어떻게 가능한가?

히8:10 주께서 이르시되 그 날 후에
내가 이스라엘 집과 맺을
(새)언약은(렘31:31)
1) 내 법을 그들의 생각에 두고
   그들의 마음에
   이것을 기록하리라

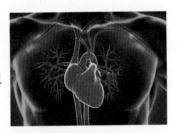

히10:16 그 날 후로는 그들과 맺을 언약이 이것이라 하시고
2) 내 법을 그들의 마음에 두고 그들의 생각에 기록하리라

---

❹

① 새 언약을 맺을 날이 오리라 ② 새 언약이 왜 필요한가?
③ 옛 언약과 어떻게 다른가? ④ 새 언약은 누구와 맺는가?

렘31:31-33 여호와의 말씀이니라 보라 날이 이르리니
① 내가 새 언약을 맺으리라 (새)언약은 (옛)언약과 같지 아니할 것은
   내가 그들의 남편이 되었어도 그들이
② 내 언약을 깨뜨렸음이라 그 날 후에 내가 이스라엘 집과 맺을 언약은
   이러하니 곧 내가 나의 법을
③ 그들의 속에 두며 그들의 마음에 기록하여 나는 그들의 하나님이 되고
   그들은 내 백성이 될 것이라(옛 언약=행위, 새 언약=믿음)

눅22:20 이 잔은
④ 내 피로 세우는 새 언약이니 곧 너희를 위하여 붓는 것이라(출24:8, 짐승의 피)

---

❺ 새 언약을 ① 누가 ② 어디에 ③ 언제 기록을 하는가?

고후3:3 먹으로 쓴 것이 아니요
① 오직 하나님의
영으로 쓴 것이며
② 오직 육의
마음 판에 쓴 것이라
엡1:13 ③ 구원의 복음을 듣고
롬5:5 성령으로 말미암아
하나님의 사랑이 우리
마음에 부은 바 됨이니

고후5:14 그리스도의 사랑이
우리를 강권하시는도다
우리가 생각하건대

**❻ (히13:15) 그러므로 항상 찬송의 제사를
하나님께 드리자 입술의 열매니라**

히3:1 그러므로 함께
하늘의 부르심을 받은
거룩한 형제들아
우리가 믿는 도리의
사도이시며
1) 대제사장이신 예수를
깊이 생각하라 ➡

히4:14 우리가
믿는 도리를
굳게 잡을지어다

히12:2-3 너희가 피곤하여
낙심하지 않기 위하여
2) 참으신 이를 생각하라

**❼ 그러면 성경적인 불순종은 무엇을 뜻하는가?
하나님의 다스리심(統治)을 거역하는 것이다**

민14:33 너희 자녀들은 너희 반역한 죄를 지고 너희의 시체가 광야에서
소멸되기까지 40년을 광야에서 방황하는 자가 되리라

히3:16 듣고 격노하시게 하던 자가 누구냐?

히3:18-19 하나님이 누구에게 내 안식에 들어오지 못하리라 하셨느냐?
곧 순종하지 아니하던 자들에게가 아니냐 믿지 아니하므로

**❽ 명심하자, 반역하는 자들은 교회 안에 있었다
(고전10:6) 이러한 일은 우리의 본보기가 된다**

렘11:9

여호와께서 또 내게 이르시되
유다인과 예루살렘 주민 중에
반역(叛逆)이 있도다

호6:7

그들은 아담처럼
언약을 어기고(약속의 땅에서)
나를 반역하였느니라

⑨
그러면 성경적인 순종이 무엇인가?
(사 26:3) 주께서 심지(心志)가 견고한 자를(마음에 지니는 의지)

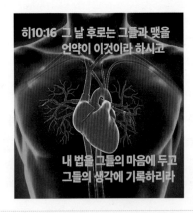

히10:16 그 날 후로는 그들과 맺을
언약이 이것이라 하시고

내 법을 그들의 마음에 두고
그들의 생각에 기록하리라

신6:5 너는 마음을
① 다하고 뜻을
② 다하고 힘을
③ 다하여(첫째 되는 계명)
하나님을 사랑하라
* 지정의(知情意)적인 사랑
잠23:26 내 아들아
네 마음을 내게 주며
<u>中心</u>

---

⑩
히브리서의 배경에서 고찰해야

히6:4 한 번 빛을 받고
하늘의 은사를 맛보고
성령에 참여한 바 되고

히6:6 <u>타락한 자들은</u>
다시 새롭게 하여
회개하게 할 수 없나니

히6:9 사랑하는 자들아
<u>너희에게는</u>
<u>이보다 더 좋은 것</u>
곧 구원에 속한 것이
있음을 확신하노라

---

⑪
(벧후2:21) 의의 도를 안 후에 받은 거룩한 명령을 저버리는 것보다 알지 못하는 것이 도리어 그들에게 나으니라

히10:26 우리가 진리를 아는 지식을 받은 후
짐짓 죄를 범한즉 다시
<u>속죄하는 제사가 없고</u>

히10:29 하나님의 아들을 짓밟고 언약의 피를
부정한 것으로 여기고

히10:27 오직 무서운 마음으로 심판을 기다리는 것과
<u>대적하는 자를 태울 맹렬한 불만 있으리라</u>

---

⑫
그러나 믿음으로 산 남은 자들을 통해서 이루어 오셨다 기억하는가? 그러나 너는…

히11:1

믿음은
(상황은 어떠하든)
1) 바라는 것들의
실상이요
믿음은(보이는 것은 어떠하든)
2) 보이지 않는 것들의 증거니

* 그러나 …

히11:4 믿음으로 아벨은
히11:5 믿음으로 에녹은
히11:7 믿음으로 노아는
히11:8 믿음으로 아브라함은
히11:20 믿음으로 이삭은
히11:21 믿음으로 야곱은

⑬
(롬8:37) 그러나 이 모든 일에 우리를 사랑하시는 이로 말미암아 우리가 넉넉히 이기느니라

히11:35-38

어떤 이들은 더 좋은 부활을 얻고자 하여
1) 심한 고문을 받되 구차히
   풀려나기를 원하지 아니하였으며
2) 돌로 치는 것과 톱으로 켜는 것과 시험과
   칼로 죽임을 당하고

* 이런 사람은 세상이 감당하지 못하느니라

⑭
구약의 성도들은 어떻게 온전함을 얻게 되는가?
신학적인 면과 교훈적인 면이 있다

히11:40

하나님이 우리를 위하여
1) 더 좋은 것을
   예비하셨은즉

2) 우리가 아니면
   그들로 온전함을 이루지
   못하게 하려 하심이라

히6:9	더 좋은 구원
히7:19	더 좋은 소망
히7:22	더 좋은 언약
히9:11	좋은 일의 대제사장
히9:23	더 좋은 제물
히8:6	더 아름다운 직분
	더 좋은 약속으로 세우신
	더 좋은 언약의 중보자시라

⑮
Q : 신학적인 면,
누가 아니면 구약의 성도들이 온전함을 이루지 못하는가?

히10:4
이는 황소와 염소의 피가
능히 죄를 없이 하지 못하리라

히9:15
그는 새 언약의 중보자시니
이는 첫 언약 때에 범한 죄에서
속량하려고 죽으사

* 만일 대속제물이
되어주시지 않았다면?

고전15:17
너희의 믿음도 헛되고
너희가 여전히
죄 가운데 있을 것이요

⑯
Q : 교훈적인 면,
우리가 아니면 온전함을 이루지 못하는가?

➡➡➡➡➡➡ 영적 싸움은 릴레이 경주와 같다 ➡➡➡➡

히12:1 이러므로 우리에게 구름 같이 둘러싼 허다한 증인들이 있으니
형제는 누구로부터 복음의 바통을 물려받았나요?

⑰
모든 무거운 것과 얽매이기 쉬운 죄를 벗어 버리고
인내로써 우리 앞에 당한 경주를 하며(12:1)

히12:2 믿음의 주요
또 온전하게 하시는 이인
예수를 바라보자

히12:12-13 피곤한 손과 연약한
무릎
저는 다리로 **하여금**
고침을 받게 하라

습3:16 그 날에 <u>이르기를</u>
<u>두려워하지 말라</u>
<u>시온아 네 손을</u>
<u>늘어뜨리지 말라</u>

⑱
묵상

[히브리서 전체 요약]

① 이러한 대제사장을
우리가 모셨다
② 그 분이 행해주신
구속사역을
믿음으로 살리라
아멘

[목회서신 요약]

딤전 3:15
딤후 2:15
딛 3:8
① 하나님의 교회의 기둥과 터는
진리다
② 너는 진리의 말씀을 옳게 분별하여
③ 굳세게 말하라

⑲
다 함께 찬양하자

You(도순)Tube

217강

야고보서
우리에게는 온전한 율법이 있다

❶ 야고보서의 중심점이 무엇인가?
야고보서는 믿는 하나님의 자녀들에게 보내졌다

약1:18 그가 자기의 뜻을 따라
　　　　1) 진리의 말씀으로
　　　　　　우리를 낳으셨느니라

약2:1 내 형제들아
　　　　영광의 주 곧 우리 주
　　　　예수 그리스도에 대한
　　　　2) 믿음을 너희가 가졌으니

---

❷ 이런 맥락에서 야고보서의 핵심이 무엇인가?
우리는 자유롭게 하는 온전한 율법을 가지고 있다

약1:25 (우리에게는) 자유롭게 하는 **온전한 율법** 이를 들여다보고 있는 자는
　　　　듣고 잊어버리는 자가 아니요 실천하는 자니

약2:12 너희는 자유의 율법대로
　　　　심판 받을 자처럼
　　　　말도 하고 행하기도 하라

고전9:21 그리스도의
　　　　율법 아래에 있는 자이나
　　　　(요8:32, 롬8:2)(참고, 행2:23)

---

❸ 우리에게 온전한 율법이 있다고 한 의도가 무엇인가?
우리가 진짜 이스라엘, 열 두 지파, 온전한 율법, 할례 받은 자다

약1:1 하나님과
　　　주 예수 그리스도의 종
　　　야고보는
　　　흩어져 있는 열 두 지파에게
　　　문안하노라(누구인가)

갈6:16 (우리가)
　　　1) 하나님의 이스라엘 ──→ 2) 우리가 곧 할례파라

빌3:3 하나님의 성령으로
　　　봉사하며
　　　1) 그리스도 예수로
　　　　자랑하고
　　　2) 육체를 신뢰하지
　　　　아니하는

---

❹ 야고보서는 하나님의 자녀 답게 살라는 실천윤리
온전한 율법, 온전한 믿음을 구비한=온전한 사람

약1:2 시험을 당하거든
　　　온전히 기쁘게 여기라
약1:4 인내를
　　　온전히 이루라(일곱 번)

이는 너희로 1) 온전하고
　　　　　　2) 구비하여
　　　　　　조금도 부족함이
　　　　　　없게 하려 함이라
약1:25 자유롭게 하는 온전한 율법
약2:22 행함으로 믿음이 온전하게
　　　되었느니라
약3:2 만일 말에 실수가 없는 자
　　　라면 곧 온전한 사람이라

❺

시내산 율법과 야고보서의 병행
십계명=구약교회에, 야고보서=신약교회에 주신 계명

출20:2 나는 너를 애굽 땅,
종 되었던 집에서
인도하여 낸
네 하나님 여호와니라

출20:3 너는 나 외에는 다른 신들
을 네게 두지 말라
* …하지 말라=<u>열 세 번</u>

갈2:9 (바울) 기둥 같이 여기는
야고보와 게바와 요한

행15:13 야고보서는
형제들아 내 말을 들으라
* 총108절 중
"하지 말라"와 "하라"는
<u>명령=54개절이라</u>

❻

십계명과 같은 야고보서

[…하지 말라]

약1:6 오직 믿음으로 구하고 조금도 의심하지 말라
약1:7 이런 사람은 무엇이든지 주께 얻기를 생각하지 말라
약1:22 너희는 자신을 속이는 자가 되지 말라
약2:1 사람을 차별하여 대하지 말라
약2:11 간음하지 말라, 살인하지 말라 율법을 범한 자가 되느니라
약3:1 선생이 많이 되지 말라
약3:14 다툼이 있으면 자랑하지 말라 진리를 거슬러 거짓말하지 말라
약4:11 형제들아 서로 비방하지 말라
약5:9 형제들아 서로 원망하지 말라(어린아이에게 하듯)

❼

적극적으로 "…행하라"는 점이다

㉠ "여러 가지 시험을 당하거든 온전히 기쁘게 여기라"**(1:2)**
㉡ "낮은 형제는 높음을 자랑하고, 부한 자는 자기의 낮아짐을 자랑하라"**(1:9)**
㉢ "듣기를 속히 하고 말하기는 더디 하며 성내기도 더디 하라"**(1:19)**
㉣ "네 이웃 사랑하기를 네 몸과 같이 하라"**(2:8)**
㉤ "너희는 자유의 율법대로 심판 받을 자처럼 말도 하고 행하기도 하라"**(2:12)**
㉥ "믿음이 행함과 함께 일하고 행함으로 믿음이 온전하게 되었느니라"**(2:22)**
㉦ "마귀를 대적하라 그리하면 너희를 피하리라"**(4:7)**
㉧ "두 마음을 품은 자들아 마음을 성결하게 하라"**(4:8)**
㉨ "주 앞에서 낮추라 그리하면 주께서 너희를 높이시리라"**(4:10)**
㉩ "주께서 강림하시기까지 길이 참으라"**(5:7)**
㉪ "너희 중에 고난당하는 자가 있느냐 그는 <u>기도할 것이요</u>
즐거워하는 자가 있느냐 <u>그는 찬송할지니라</u>"**(5:13)**

❽

야고보서는 우리에게 도전한다
네 믿음을 증명해 보이라

약2:18 어떤 사람
1) 너는 믿음이 있고
2) 나는 행함이 있으니
3) 네 믿음을 내게 보이라
4) <u>내 믿음을 네게 보이리라</u>

| 행함이 없는
나는 행함으로 |

약2:19 네가 하나님은 한 분이신 줄을 믿느냐 잘하는도다
귀신들도 믿고 떠느니라

약2:20 아아 허탄한 사람아 행함이 없는 믿음이 헛것인 줄을 알고자 하느냐

약2:17 행함이 없는 믿음은 그 자체가 죽은 것이라

⑨ 믿음+행함=하나님이 짝지어주신 것

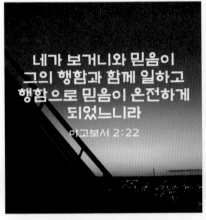

네가 보거니와 믿음이
그의 행함과 함께 일하고
행함으로 믿음이 온전하게
되었느니라

야고보서 2:22

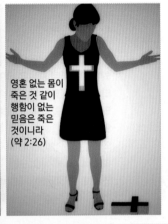

영혼 없는 몸이
죽은 것 같이
행함이 없는
믿음은 죽은
것이니라
(약 2:26)

⑩ 시내산 율법의 핵심은? 온전한 율법의 핵심은?

마22:37-39 예수께서 이르시되   ① 하나님을 사랑하라
② 이웃을 네 자신 같이 사랑하라

마22:40 이 두 계명이 온 율법과 선지자의 강령이니라(약2:8)

요13:34 새 계명을 주노니 서로 사랑하라
내가 너희를 사랑한 것 같이

약4:17 그러므로 사람이
선을 행할 줄 알고도
행하지 아니하면 죄니라
(참 2:15-16)

⑪ 야고보서도 율법의 행위로 의롭다 하심을 얻을 육체가 없다는 점을 인정한다

약2:10

누구든지 온 율법을 지키다가
그 하나를 범하면
모두 범한 자가 되나니

롬3:20

그러므로 율법의 행위로
그의 앞에 의롭다 하심을 얻을
육체가 없나니

⑫ 야고보서도 칭의의 중요성을 인정한다

약2:25 기생 라합
1) 의롭다 하심을 받았다
2) 사자들을 접대한 행함으로

* 사자=하나님의 구원계획을 이루기 위하여
목숨을 걸고 보냄을 받은 정탐꾼들이죠

마10:40 너희를 영접하는 자는
나를 영접하는 것이요

⑬ 칭의교리에 대한 야고보서와 로마서의 강조점

약2:22-23
① 성경에 **이른 바**
② 아브라함이 하나님을 믿으니
  이것을 **의로 여기셨다**는 말씀이
  이루어졌고 네가 보거니와
  믿음이 그의 행함과 함께 일하고
③ **행함으로 믿음이**
  온전하게 되었느니라

롬4:3
아브라함이 하나님을 믿으매
그것이 그에게 의로 여겨진 바
되었느니라

롬16:26
믿어 순종하게 하시려고
복음으로 너희를 능히 견고하게 하실

⑭ 주의 재림과 심판을 강조하는 야고보서

약5:7-8 그러므로 형제들아 주께서 강림하시기까지 길이 참으라
  주의 강림이 가까우니라

약2:12 너희는 자유의 율법대로 심판 받을 자처럼

약2:13 긍휼을 행하지 아니하는 자에게는 긍휼 없는 심판이 있으리라

약3:1 내 형제들아 너희는 선생 된 우리가 더 큰 심판을 받을 줄 알고
  선생이 많이 되지 말라

약5:9 그리하여야 심판을 면하리라 보라 심판주가 문 밖에 서 계시니라

⑮ 야고보서의 거울에 비춰진 우리의 모습은 어떠한가?

약4:4 간음한 여인들아
  세상과 벗된 것이
  하나님과 원수 됨을
  알지 못하느냐

약4:5 너희는 하나님이
  우리 속에 거하게 하신
  성령이 시기하기 까지
  사모한다 하신 말씀을
  헛된 줄로 생각하느냐

약4:8 두 마음을 품은 자들아

  (1:8 두 마음을 품어 모든 일에
  정함이 없는 자로다)

⑯ 함께 찬양하십시다

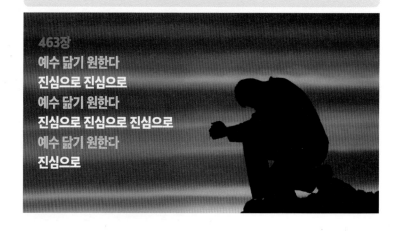

463장
예수 닮기 원한다
진심으로 진심으로
예수 닮기 원한다
진심으로 진심으로 진심으로
예수 닮기 원한다
진심으로

You(도순)Tube

218강

베드로전서

이것이 하나님의 참된 은혜임을 증언하노니

❶ 베드로전서를 기록하게 된 동기가 무엇인가?

벧전1:6   그러므로 너희가
1) 이제 여러 가지 시험으로 말미암아
   잠깐 근심하게 되지 않을 수
   없으나 오히려 크게 기뻐하는도다

벧전4:12 사랑하는 자들아 너희를
2) 연단하려고 오는 불 시험을
   이상한 일 당하는 것 같이
   이상히 여기지 말고

❷ 만일 7-8도의 지진이 일어난다면?

눅22:32
내가 너를 위하여 네 믿음이
떨어지지 않기를 기도하였노니
너는 돌이킨 후에 형제를 굳게 하라

벧전5:12
이것이 하나님의
참된 은혜임을 증언하노니
너희는 이 은혜에 굳게 서라

❸ 건축에는 부실공사와 하자(瑕疵) 보수가 있다

고전3:12-13

누구든지 금이나 은이나 보석이나
나무나 풀이나 짚으로
이 터 위에 세우면
각 사람의 공적이 나타날 터인데
그 날이 공적을 밝히리니
각 사람의 공적이 어떠한 것을 시험할 것임이라

❹ 주 성령께서 베드로전서를 통해서 말씀하시려는 바가 무엇인가?

 벧5:10   모든 은혜의 하나님
1) 그리스도 안에서
   너희를 부르사
   ⬇
2) 자기의 영원한 영광에
   들어가게 하신 이가

3) 잠깐 고난을 당한 너희
   (1:7 금을 제련하듯이)

   ① 친히 온전하게 하시며
   ② 굳건하게 하시며
   ③ 강하게 하시며
   ④ 터를 견고하게 하시리라

❺

불 같은 시험의 날에 무슨 은혜로 견고하게 설 수 있는가?
1) 최우선으로 정체성을 깨우쳐줌으로 견고케 한다

벧전1:1-2 예수 그리스도의 사도 베드로는 흩어진 나그네

① 하나님 아버지의 미리 아신 자들!
② 예수 그리스도의 피 뿌림을 얻기 위하여 택하심을 받은 자들!
③ 성령이 거룩하게 하신 자들!
④ 은혜와 평강이 너희에게 더욱 많을지어다

* 성부 성자 성령, 성삼위의 작품임을 일깨워준다.

---

❻

① 하나님 아버지의 미리 아신 자들이라 했다

벧전2:9

너희는(하나님의)

㉠ 택하신 족속이요
㉡ 왕 같은 제사장들이요
㉢ 거룩한 나라요
㉣ 그의 소유가 된 백성이니

벧전2:10

너희가

㉠ 전에는 백성이 아니더니
㉡ 이제는 하나님의 백성이요
　　전에는 긍휼을 얻지 못하였더니
　　이제는 긍휼을 얻은 자니라

---

❼

② 예수 그리스도의 피 뿌림을 얻기 위하여
택하심을 받은 자들이라 했다

출12:22 (유월절 양)
1) 그 피를 좌우 설주에 뿌리고
2) 아침까지 한 사람도
　　자기 집 문 밖에 나가지 말라

벧전1:19 (너희가 대속함을 받은 것은)
오직 흠 없고 점 없는
어린양 같은
그리스도의
보배로운 피로
된 것이니라

* 피가 뿌려져야 효험이 있다.

---

❽

③ 성령이 거룩하게 하신 섬도(聖徒)들이라 했다

민7:1　모세가
　　　　장막 세우기를 끝내고
　　　　그것에 기름을 발라
　　　　거룩히(聖幕) 구별하고
　　　　그 모든 기물에 기름을 발라
　　　　거룩히 구별한 날에

벧전1:16 기록되었으되 내가 거룩하니 너희도 거룩할지어다 하셨느니라

❾

민6:23-27 이렇게 축복하라 내가 복을 주리라
① 여호와는 네게 복을 주시고 **너를 지키시기를 원하며**
② 여호와는 그의 얼굴을 네게 비추사
은혜 베푸시기를 원하며
③ 여호와는 그 얼굴을 네게로 향하여 드사
평강 주시기를 원하노라

벧전3:12 주의 눈은 의인을 향하시고
그의 귀는 의인의 간구에 기울이시되

❿

벧전1:1
예수 그리스도의 사도 베드로는
(스물 세 번)

벧전1:20
그는 1) 창세 전부터 미리 알린 바
되신 이나
2) 이 말세에 너희를 위하여
나타내신 바 되었으니

벧전1:18-19
너희가 대속함을 받은 것은
어린양 같은 그리스도의
보배로운 피로 된 것이니라

⓫

벧전2:24 친히 나무에 달려
그 몸으로 우리 죄를
담당하셨으니

벧전3:18 그리스도께서도 단번에
(우리) 죄를 위하여 죽으사(아홉 번)
의인으로서 불의한 자를
대신하셨으니 이는 우리를
하나님 앞으로 인도하려 하심이라

⓬

벧전1:3 하나님을 찬송하리로다
1) 예수 그리스도를 죽은 자 가운데서 **부활하게 하심으로**
거듭나게 하시고 산 소망이 있게 하셨다

벧전1:21 너희는
2) 그를 죽은 자 가운데서 살리시고 **영광을 주신 하나님을**
믿는 자니(1:3,21, 3:21,18) 너희 믿음과 소망이
하나님께 있게 하셨느니라

⑬ **불 같은 시험의 날에 무슨 은혜로 견고하게 설 수 있는가?**
4) 하나님 우편에 계신다는 것으로 견고하게 했다

벧전3:22
그는 하늘에 오르사 <u>하나님 우편에 계시니</u>
천사들과 권세들과 능력들이 그에게
복종하느니라

행7:55-56
(스데반) 하늘을 우러러 주목하여
보라 하늘이 열리고 <u>인자가 하나님 우편에
서신 것을 보노라</u>

⑭ **불 같은 시험의 날에 무슨 은혜로 견고하게 설 수 있는가?**
5) 재림신앙으로 견고하게 세워준다(1:7,13, 4:13, 5:1,4)

벧전1:7   너희 믿음의 확실함은 불로 연단하여도 없어질 금보다 더 귀하여

1) 예수 그리스도께서 나타나실 때에
   칭찬과 영광과 존귀를
   얻게 할 것이니라
2) 예수 그리스도께서
   나타나실 때에
   가져다 주실 은혜를
   온전히 바랄지어다(1:13)

⑮ **불 같은 시험의 날에 무슨 은혜로 견고하게 설 수 있는가?**
6) 최후심판이 있다는 것으로 견고하게 세워준다

벧전4:17
하나님의 집에서
심판을 시작할 때가 되었나니
만일 우리에게 먼저 하면
**하나님의 복음을 순종하지 아니하는
자들의 그 마지막은 어떠하며**

벧전4:18
<u>의인이(3:12)</u>
겨우 구원을 받으면

벧전3:18
우리를 하나님 앞으로
인도하려 하심이라

"경건하지 아니한 자와 죄인은 어디에 서리요"

⑯ **불 같은 시험의 날에 무슨 은혜로 견고하게 설 수 있는가?**
7) 성령으로 거듭남과 칭의만이 견고하게 설 수 있다

벧전 1:23
너희가 거듭난 것은
1) 썩어질 씨로 된 것이 아니요
   썩지 아니할 씨 (种子)로 된 것이니
2) 너희에게 전한 복음이
   곧 이 말씀이니라(1:25)

고전15:37
네가 뿌리는 것은 장래의 형체를 뿌리는 것이 아니요 알맹이 <u>뿐이로되</u>

⑰ 베드로전서의 보배(네 번)
(골2:3) 그 안에는 지혜와 지식의 모든 보화가 감추어져 있다

벧전1:19 그리스도의
보배로운 피로 된 것이니라

벧전2:4 사람에게는 버린 바가
되었으나 하나님께는
택하심을 입은
보배로운 산 돌이신 예수

벧전2:6 내가 택한
보배로운 모퉁잇돌

벧전2:7 그러므로
믿는 너희에게는
보배이나 믿지 아니하는
자에게는 건축자들이
버린 그 돌이 모퉁이의
머릿돌이 되고

벧후1:1 보배로운 믿음

벧후1:4 보배롭고 지극히 큰 약속

⑱ 베드로전서 전체의 구조다

벧전1:6
그러므로
너희가 이제

1) 여러 가지 시험으로
말미암아
잠깐 근심하게
되지 않을 수 없으나

벧전5:10
모든 은혜의 하나님
곧 그리스도 안에서 너희를 부르사

2) 영원한 영광에 들어가게
하시는 하나님

* Q : 주와 함께 영광을 받기
위하여 고난도 함께
받을 수 있는가?(롬8:17)

⑲ 지나간 때와 남은 때를 언급함으로 마친다

벧전4:2-3
너희가 음란과 정욕과 술 취함과 방탕과 향락과…
(지금까지 어떻게 살았던지)
1) 지나간 때로 족하도다(이제부터는)
하나님의 뜻을 따라

2) 남은 때를 살게 하려 함이라
(형제여 얼마나 남았죠?)
견고하게 되셨나요? 건물 속 철근은 보이지 않죠. 안심해도 되겠습니까?

You (도순) Tube

219강

베드로후서

은혜와 그를 아는 지식에서 자라 가라

❶ 베드로후서를 기록하게 된 동기가 무엇인가?

벧후1:1

예수 그리스도의 종이며 사도인
시몬 베드로는 우리 하나님과
구주 예수 그리스도의 의를 힘입어

1) 동일하게 보배로운 믿음을
   함께 받은 자들에게
   편지하노니

벧후2:1

그러나 **백성 가운데**

㉠ 거짓 선지자들이 일어났었나니
   이와 같이 너희 중에도

㉡ 거짓 선생들이 있으리라
   그들은 멸망하게 할

㉢ 이단을 가만히 끌어들여

❷ 교회에 해독을 끼치는 두 세력 적그리스도와 거짓선지자다

계13:1 내가 보니

1) 바다에서 한 짐승이 나오는데
   뿔이 열이요 머리가 일곱이라

2) 그 머리들에는 신성 모독 하는
   이름들이 있더라(적그리스도)

계13:11 또 다른 짐승이

1) 땅에서 올라오니 2) 어린양 같이 두 뿔이 있고
                     용처럼 말을 하더라(양의 탈을 쓴 이단)

❸ 베드로후서의 내용

㉠ **1장**　이단사상에 미혹되지 않는
　　　　비결이 무엇인지를 말씀하고

㉡ **2장**　이단의 특성 중 윤리적인 타락상을 언급하고

㉢ **3장**　이단사상의 신학적인 오류를 말씀하는 내용

❹ 베드로후서 전체의 중심주제 박해에 담대하고 이단에 미혹되지 않는 비결이다

벧후1:2
하나님과 우리 주 예수를
앎으로

은혜와 평강이
너희에게 더욱 많을지어다

벧후3:18
오직 구주 예수 그리스도의 은혜와
그를 아는 지식에서 자라 가라

벧전2:2
신령한 젖을 사모하라

❺

베드로후서 1장의 중심점
(고후1:20) 하나님의 약속은 얼마든지 그리스도 안에서 예가 되니

벧후1:3 그의 신기한 능력으로
생명과 경건에 속한
모든 것을
우리에게 주셨으니

우리를 부르신 이를
앎으로 말미암음이라

벧후1:4 그 보배롭고
지극히 큰 약속을
우리에게 주사

* 우선적으로 이를 증언해야

호4:6 내 백성이 지식이
없으므로 망하는도다

---

❻

아는 만큼 내 것이 된다
평생을 가난하고 가련한 그리스도인으로 살고자 하는가?

벧후1:8

너희로
우리 주 예수 그리스도를
알기에
게으르지 않고
일곱 번(2, 3, 5, 8, 12, 14, 20)

잠6:10-11

좀 더 자자, 좀 더 졸자,
손을 모으고
좀 더 누워 있자 하면
네 빈궁이 강도 같이 오며
네 곤핍이 군사 같이 이르리라

---

❼

사도 바울의 옥중기도가 무엇인가?
네 가지 기도제목을 주목하라

엡1:16-19 내가 기도할 때에

지혜와 계시의 영을 너희에게 주사 ① 하나님을 알게 하시고
너희 마음의 눈을 밝히사 ② 그의 부르심의 소망이 무엇이며
성도 안에서 ③ 그 기업의 영광의 풍성함이 무엇이며
힘의 위력으로 역사하심을 따라 ④ 믿는 우리에게 베푸신 능력의 지극히
크심이 어떠한 것을 너희로 알게
하시기를 구하노라

㉠ 그의 능력이 그리스도 안에서 역사하사
㉡ 죽은 자들 가운데서 다시 살리시고
하늘에서 자기의 오른편에 앉히신 능력(1:20)

---

❽

자랄 수록 누구를 닮아가야 하는가?
첫 창조, 재창조=기독교의 핵심가치

벧1:4 그 보배롭고 지극히 큰 약속을 우리에게 주사 세상에서 썩어질 것을
피하여 신성한 성품에 참여하는 자가 되게 하려 하셨느니라

벧후3:18 오직 우리 주 곧 구주 예수 그리스도의 은혜와 그를 아는 지식에서
자라 가라(얼마나 자라고 닮았는가?)

창1:27 하나님이 자기 형상 곧 하나님의 형상대로 사람을 창조하셨다.

엡5:1 사랑을 받는 자녀 같이 하나님을 본받는 자가 되고

⑨

신성한 성품에 참여하는 자가 되기 위하여 그리스도의 은혜와 그를 아는 지식에서 자라 가라

⑧ 형제 우애에 사랑을 더하라
⑦ 경건에 형제 우애를 (더하고)
⑥ 인내에 경건을 (더하고)
⑤ 절제에 인내를 (더하고)
④ 지식에 절제를 (더하고)
③ 덕에 지식을 (더하고)
② 덕을 (더하고)
① 너희 믿음에

막4:26-29
씨를 뿌림
싹
이삭
열매
추수

벧후1:5-7 그러므로 너희가 더욱 힘써
벧후1:9 이런 것이 없는 자는 ㉠ 맹인 ㉡ 멀리 보지 못함, ㉢ 잊었느니라

---

⑩

순교로 자신이 증언한 복음의 진실성을 입증한 베드로의 유언과 같은 권면을 주목하시라

벧후1:13 내가 이 장막에 있을 동안에 너희를 일깨워 생각나게 함이 옳은 줄로 여기노니

벧후1:14 그리스도께서 내게 지시하신 것 같이 나도 나의 장막을 벗어날 것이 임박한 줄을 앎이라

벧후1:15 내가 힘써 너희로 하여금 내가 떠난 후에라도 (필요한 때는) 이런 것을 생각나게 하려 하노라

---

⑪

유언의 요점 ① 예수 그리스도는 분명 재림하신다

벧후1:16

예수 그리스도의
1) 능력과 강림하심을 너희에게 알게 한 것이
2) 교묘히 만든 이야기를 따른 것이 아니요
우리는 그의 크신 위엄을 친히 본 자라

---

⑫

떠나기 전에 증인으로 증언하노라 더 확실한 믿을만한 증거가 있다고 증언한다

벧후1:17
지극히 큰 영광 중에서 이러한 소리가 나기를…
영광을 받으셨느니라

벧후1:19
또 우리에게는
1) 더 확실한 예언이 있어 어두운 데를 비추는 등불과 같으니
2) 날이 새어 샛별이 너희 마음에 떠오르기까지 너희가 이것을 주의하는 것이 옳으니라

---

⑬
환상보다, 기사이적보다 더 확실한 예언이 무엇인가?
형제에게 주어진 성경인 것이다

벧후3:2

1) 곧 거룩한 선지자들이
   예언한 말씀과(구약성경)
2) 주 되신 구주께서 너희의
   사도들로 말미암아
   명하신 것을(신약성경)
   기억하게 하려 하노라

벧전1:10-11

너희에게 임할 은혜를 예언하던
1) 선지자들이
   연구하고 부지런히 살펴서
2) (선지자들) 속에 계신
   그리스도의 영이 그 받으실
   고난과 후에 받으실 영광을
   미리 증언하여

⑭
베드로후서 2장의 중심점은
이단의 윤리적인 죄인데 음란이다

벧후2:2 여럿이 그들의 호색하는 것을 따르리니
이로 말미암아 진리의 도가 비방을 받을 것이요

벧후2:5 옛 세상을 용서하지 아니하시고 심판하신
1) 노아홍수 증거제시

벧후2:6 소돔과 고모라 증거제시
2) 후세에 경건하지 아니할 자들에게 본을 삼으셨으며

⑮
1장의 중심단어가 "아는 것"이라면
2장의 핵심단어는 "미혹, 유혹"이다

벧후2:18 그들이 허탄한 자랑의 말을 토하며 그릇되게 행하는
사람들에게서 겨우 피한 자들을
1) 음란으로써 육체의 정욕 중에서 유혹하는도다

벧후2:19 그들에게 자유를 준다 하여도 자신들은 멸망의 종들이니
2) 누구든지 진 자는 이긴 자의 종이 됨이라
(미혹, 유혹, 14, 15, 17, 18)

⑯
베드로후서 3장의 중심점은
이단의 신학적인 오류인데 두 가지를 든다

벧후3:3-4

말세에 조롱하는 자들이 와서
조롱하여
1) 주께서 강림하신다는
   약속이 어디 있느냐
   조상들이 잔 후로부터 만물이
   처음 창조될 때와 같이
   그냥 있다 하니

벧후2:1

이단을 가만히 끌어들여

2) 자기들을
   사신(구속) 주를
   부정하고
   임박한 멸망을
   스스로 취하는 자들이라

베드로의 마지막 권면이다
너희가 어떠한 사람이 되어야 마땅하냐

벧후3:7
이제 하늘과 땅은
그 동일한 말씀으로
불사르기 위하여
보존하여 두신 것이니라

벧후3:11-13
이 모든 것이 이렇게 풀어지리니

1) 너희가
   어떠한 사람이 되어야 마땅하냐
2) 거룩한 행실과 경건함으로
3) 하나님의 날이 임하기를
   바라보고 간절히 사모하라
4) 우리는 그의 약속대로
   의가 있는 곳인
   새 하늘과 새 땅을 바라보도다

⑱
요약 : 베드로 전후서의 핵심이다

벧전5:12
이것이
하나님의 참된 은혜임을
증언하노니

1) 너희는 이 은혜에 굳게 서라
   (베드로의 마지막 말)

벧후3:18
오직 우리 주
곧 구주
예수 그리스도의

2) 은혜와 그를 아는 지식에서
   자라 가라

⑲

주 안에서 거듭난 생명
돌보시는 주의 사랑
참 기쁨과 확신 가지고
예수님의 도우심을 믿으며 살리

살아계신 주 나의 참된 소망
걱정근심 전혀 없네
사랑의 주 내 갈길 인도하니
내 모든 삶의 기쁨 늘 충만하네

You(도순)Tube

220강

요한일서 1

너희에게 영생이 있음을 알게 하려 함이라

요20:30-31

요한복음,

예수께서 제자들 앞에서
이 책에 기록되지 아니한
다른 표적도 많이 행하셨으나
오직 이것을 기록함은

* 전도의 성격이다.

① **너희로**
예수께서 하나님의 아들
그리스도이심을
<u>믿게 하려 함이요</u>

② **또** 너희로 믿고
그 이름을 힘입어 생명을
<u>얻게 하려 함이니라</u>

요일5:1

예수께서
그리스도이심을

1) **믿는 자마다**
하나님께로부터
난 자니

요일5:13

내가 하나님의 아들의 이름을 믿는
너희에게 이것을 쓰는 것은

2) **너희로 하여금**
너희에게 영생이 있음을
<u>알게(확신시키는 내용)</u>

요일1:5 우리가 그에게서 듣고
너희에게 전하는 소식은
이것이니
1) <u>하나님은 빛이시라</u>

요일4:16 하나님이 우리를
사랑하시는 사랑을
우리가 알고 믿었노니
2) <u>하나님은 사랑이시라</u>

요일3:5
그가 우리 죄를 없애려고
<u>나타나신 것을(빛)</u>
너희가 아나니(요1:9)

요일4:9
하나님의 사랑이
우리에게 이렇게
<u>나타난 바 되었으니</u>

롬5:8
그리스도께서
우리를 위하여 죽으심으로
<u>사랑을 확증해 주셨다.</u>

롬3:26
<u>자기도 의로우시며</u>
예수 믿는 자를
의롭다 하려 하심이라

❺

요한일서를 이해기 위해서는 핵심단어를 파악해야 ① 빛, 여섯 번 등장한다

요일1:5

우리가 너희에게
전하는 소식은 이것이니

1) 하나님은 빛이시라
   그에게는 어둠이
   조금도 없으시다는 **것이니라**

요일1:7

그가 빛 가운데
계신 것 같이

2) 우리도 빛 가운데 행하면
   우리가 서로 사귐이 있고
   (참고, 고후6:14)

❻

믿음이 진짜인가를 행위로 검증한다

요일1:6
만일 우리가
하나님과 사귐이 있다 하고
어둠에 행하면
거짓말을 하고

요일1:8
만일 우리가 죄가 없다고 말하면
스스로 속이고

요일1:9
만일 우리가
우리 죄를 자백하면

우리 죄를 사하시며
모든 불의에서
깨끗하게 하실 것이요

❼

② 사랑, 오십 번 이상 등장한다 그래서 사랑의 사도라 한다

요일3:16

그가
우리를 위하여

1) 목숨을 버리셨으니
   이로써 사랑을 알고

2) 우리도 서로 사랑하는 것이
   마땅하도다

요일4:11

사랑하는 자들아 하나님이
이같이 우리를 사랑하셨으니

❽

믿음이 진짜인가를 사랑으로 검증한다

요일4:20a
누구든지
하나님을 사랑하노라 하고
그 형제를 미워하면
이는 거짓말하는 자니

요일4:20b
보는 바 그 형제를
사랑하지 아니하는 자는
보지 못하는 바
하나님을 사랑할 수 없느니라

요일3:17
하나님의 사랑이
어찌 그 속에 거하겠느냐

③ 태어난 자, 다섯 번 강조한다
흑(黑)과 백(白)만 있을 뿐 회색(灰色)은 없다

요일3:9
하나님께로부터 난 자마다(중생)
1) 죄를 짓지 아니하나니
   하나님의 씨가 그의 속에 거함이요

요일5:4
무릇 하나님께로부터 난 자마다(중생)
2) 세상을 이기느니라

세상을 이기는 승리는 이것이니 우리의 믿음이니라

(벧전1:23) 너희가 거듭난 것은 썩지 아니할 씨로 된 것이니
(갈4:6) 하나님이 그 아들의 영을 우리 마음 가운데 보내사

요일3:2

우리가

1) 지금은 하나님의 자녀라
   장래에 어떻게 될지는
   아직 나타나지 아니하였다
2) 그가 나타나시면 우리가
   그와 같을 줄을 아는 것은

롬8:11

예수를 죽은 자 가운데서
살리신 이의

1) 영이 너희 안에 거하시면
2) 너희 안에 거하시는
   영으로(씨로) 말미암아
   너희 죽을 몸도 살리시리라

④ 영생(생명)을 얻었자는 점을
열 아홉 번 강조한다

요일2:25 (하나님) 약속하신 것은
영원한 생명이니라
요일5:11 우리에게 영생을 주셨는데
이 생명이 아들 안에 있다

요일5:13 하나님의 아들의
이름을
믿는 너희에게
이것을 쓰는 것은
너희로 하여금
너희에게
영생이 있음을
알게(확신)하려 함이라

⑤ 속(所屬)하다, 열 여섯 번 강조한다
소속이 없는 자는 한 사람도 없다

요일3:8 죄를 짓는 자는
마귀에게 속하나니
마귀는
처음부터   범죄함이라

요일4:6 우리는
하나님께 속하였으니
하나님을 아는 자는
우리의 말을 듣고

축복과 저주

그리심 산   에발 산

욥1:21   시온 산에 올라와서
에서의 산을 심판하리니
1) 하나님의 자녀들과
2) 마귀의 자녀들이
   (요일3:10)

⑬ ⑥ 적그리스도에 대한 경계가 네 번 등장한다

요일2:18

아이들아 지금은 마지막 때라
1) 적그리스도가
   오리라는 말을
   너희가 들은 것과 같이
지금도 많은
적그리스도가
일어났으니

요일4:2-3

예수 그리스도께서
2) 육체로 오신 것을
   시인하는 영마다
   하나님께 속한 것이요
   시인하지 아니하는 영마다
   이것이 곧 적그리스도의
   영이니라

⑭ 그리스도께서 육체로 오신 것을 부인하면 어떻게 되는가? 그래서 적그리스도의 영이라 한다

롬5:8

우리가 아직 죄인 되었을 때에
그리스도께서 우리를 위하여
죽으심으로

롬5:10

우리가 원수 되었을 때에
그의 아들의
죽으심으로 말미암아

마20:28

인자가 온 것은 자기 목숨을
많은 사람의 대속물로 주려 함이니라
* 대속교리가 무너지게 되죠.

⑮ 사도는 아이들아, 아비들아, 청년들아 한다 20세 이상으로 싸움에 나갈만한 자 계수하라

요일 2:14

① 아이들아 내가 너희에게 쓴 것은
   너희가 아버지를 알았음이요

② 아비들아 내가 너희에게 쓴 것은
   너희가 태초부터 계신 이를
   알았음이요

③ 청년들아 내가 너희에게 쓴 것
   ㉠ 너희가 강하고
   ㉡ 하나님의 말씀이
      너희 안에 거하시며
   ㉢ 너희가 흉악한 자를
      이기었음이라(영적 의미)

⑯ 요한일서도 복음서의 두 주제를 증언하고 있다는 점 나를 누구라 하느냐? 무엇을 행해주셨는가?

요일1:1-2
태초부터 있는
생명의 말씀에 관하여는
이는 아버지와 함께 계시다가
우리에게 나타내신 바 된
이시니라

요일2:2
그는 우리 죄를 위한 화목 제물이니

요일4:10
하나님이 우리를 사랑하사
우리 죄를 속하기 위하여
화목 제물로
그 아들을 보내셨음이라
(왜 제물이 필요하게 되었는가?)

⑰
화목제물의 구속사적인 의미를 알기 위해서는?
예배=proskuneo 프로스퀴네오=입맞추다, Worship

레7:11 **여호와께 드릴 화목제물의**
규례는 이러하니라
(30번 등장)

레23:19 또 숫염소 하나로
속죄제를 드리며
1년 된 어린 숫양
두 마리를 화목제물로
드릴 것이요

요일1:3 우리의 사귐은 아버지와
예수 그리스도와
더불어 **누림이라**

롬5:1 하나님과 화평을 **누리자**

⑱

You(도순)Tube

221강

요한일서 4장 7-18절

Love comes from God

❶

요일4:7 사랑하는 자들아 우리가 서로 사랑하자 사랑은 하나님께 속한 것이니
　　　　 사랑하는 자마다 하나님으로부터 나서 하나님을 알고 　　　　　　　**요한일서**

요일4:8 사랑하지 아니하는 자는 하나님을 알지 못하나니 이는 **하나님은 사랑이심이라**

요일4:9 하나님의 사랑이 우리에게 이렇게 ① 나타난 바 되었으니 하나님이
　　　　 자기의 독생자를 세상에 보내심은 그로 말미암아 우리를 살리려 하심이라

요일4:10 사랑은 여기 있으니 우리가 하나님을 사랑한 것이 아니요 하나님이 우리를
　　　　 사랑하사 우리 죄를 속하기 위하여 ② 화목 제물로 그 아들을 보내셨음이라

요일4:11 사랑하는 자들아 하나님이 이같이 우리를 사랑하셨은즉
　　　　 우리도 서로 사랑하는 것이 마땅하도다

요일4:12 어느 때나 하나님을 본 사람이 없으되 만일 우리가 서로 사랑하면
　　　　 하나님이 우리 안에 거하시고 그의 사랑이 ③ 우리 안에 온전히 이루어지느니라

요일4:13 그의 성령을 우리에게 주시므로 우리가 그 안에 거하고
　　　　 그가 우리 안에 거하시는 줄을 아느니라

요일4:14 아버지가 아들을 세상의 구주로 보내신 것을 우리가 보았고 또 증언하노니

요일4:15 누구든지 예수를 하나님의 아들이라 시인하면
　　　　 하나님이 그의 안에 거하시고 그도 하나님 안에 거하느니라

요일4:16 하나님이 우리를 사랑하시는 사랑을 우리가 알고 믿었노니
　　　　 하나님은 사랑이라 ④ 사랑 안에 거하는 자는 하나님 안에 거하고
　　　　 하나님도 그의 안에 거하시느니라

요일4:17 이로써 사랑이 ⑤ 우리에게 온전히 이루어진 것은 우리로 심판 날에
　　　　 담대함을 가지게 하려 함이니 주께서
　　　　 그러하심과 같이 우리도 이 세상에서 그러하니라

요일4:18 사랑 안에 두려움이 없고 온전한 사랑이 두려움을 내쫓나니 두려움에는
　　　　 형벌이 있음이라 두려워하는 자는 사랑 안에서 온전히 이루지 못하였느니라

❷

① 하나님은 사랑이시라
하나님의 사랑을 자연계시를 통해 나타내셨다

요일4:7　사랑은
　　　　 하나님께 속한 것이니
　　　　 (나온다)
　　　　 Love comes from God

롬1:19　이는
　　　　 하나님을 알 만한 것이
　　　　 그들 속에 보임이라

롬1:20　창세로부터 그의
　　　　 보이지 아니하는 것들
　　　　 곧 그의 영원하신
　　　　 능력과 신성이
　　　　 그가 만드신 만물에
　　　　 분명히 보여 알려졌나니
　　　　 그러므로 그들이
　　　　 핑계하지 못할지니라

❸

사랑은 하나님께 속한 것이니
사랑은 하나님으로부터 내린 사랑이다

Love comes from God

마23:37　암탉이 제 새끼를
　　　　 날개 아래에 모음 같이
　　　　 내가 너희의 자녀를
　　　　 모으려 한 일이 몇 번이냐
　　　　 그러나 너희가
　　　　 원하지 아니하였도다

❹

Love comes from God

호미도 날이지마는
낫같이 들리는 없다.
 아버님도 어버이시지마는
 위 덩더둥성
 어머님같이 애타는 마음 없어라.

아! 님이여
 어머님같이 애타는 마음 없어라
 (사모곡)

❺

연어의 사랑 이야기
이 사랑이 빅뱅의 먼지 속에서 생겨났단 말인가?

Love comes from God

* 연어는 알을 낳은 후 자리를
 뜨지 않는다.

이는 갓 부화되어 나온 새끼들이
먹이를 찾을 줄 모르기 때문에

자신의 살을 새끼들이
쪼아 먹도록 하여 굶어 죽지 않고
자라게 하기 위해서…

❻

감동을 준 어미 고양이의 사랑

Love comes from God

❼

어미 새의 사랑
사랑은 창조주 하나님의 속성이다

Love comes from God

사1:3 소는 그 임자를 알고
나귀는 그 주인의
구유를 알건마는
이스라엘은
알지 못하고
나의 백성은
깨닫지 못하는도다

⑧ 하나님을 잊어버린 너희여(시50:22) 불신자들만이 아니다(구약교회도)

롬1:21 하나님을 알되
하나님을
영화롭게도 아니하며
감사하지도 아니하고

요일1:22 스스로 지혜 있다 하나
어리석게 되어

요일1:23 썩어지지 아니하는
하나님의 영광을
썩어질 사람과 새와
짐승과 기어다니는
동물 모양의
우상으로 바꾸었느니라

⑨ 일반 계시를 통해 깨닫지 못하는 자들에게 ② 하나님의 사랑을 자기 아들로 나타내셨다 증언

요일4:9 하나님의 사랑이
우리에게 이렇게
나타난 바 되었으니

하나님이
자기의 독생자를
세상에 보내심은
그로 말미암아
우리를 살리려 하심이라

요일4:10 사랑은 여기 있으니
This is love(niv)

우리가 하나님을
사랑한 것이 아니요
하나님이 우리를 사랑하사
우리 죄를 속하기 위하여
화목 제물로 그 아들을
보내셨음이라

⑩ 알고 ─── (30cm 여행을 아는가?) ───▶ 믿었노니

요일4:16
하나님이 우리를 사랑하시는
① 사랑을 (This is love)
② 알고 (머리로 아는)
③ 믿었노니 (마음으로)

롬5:5
우리에게 주신 성령으로 말미암아
하나님의 사랑이 우리 마음에
부은 바 됨이니

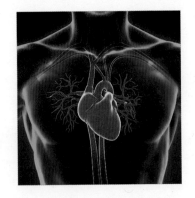

⑪ 하나님의 사랑이 어찌하여 마음에 부어져야 한다고 말씀하는가?

요일4:17 이로써 사랑이
우리에게
온전히 이루어진 것은

우리로 심판 날에
(순교의 날, 시련의 날, 임종)
담대함을 가지게
하려 함이니

요일4:18 사랑 안에 두려움이 없고
온전한 사랑이
두려움을 내쫓나니
두려움에는
형벌이 있음이라
두려워하는 자는
사랑 안에서 온전히
이루지 못하였느니라

⑫
명심하라! 세 가지 요점
이것이 세상을 이기는 승리의 비결이다

요일4:16a
하나님이 우리를 사랑하시는
사랑을 우리가
　① 알고 믿었노니

요일4:17
이로써 사랑이 우리에게
　② 온전히 이루어진 것은
　③ 사랑 안에 거하는 자는
　　하나님 안에 거하고 4:16b

* 거하다=몇 번 등장?
* 피가 뿌려진 안에
　거해야
　주 안에 있는 나에게
　사랑 안에 있는 나에게
　딴 근심 있으랴

---

⑬
형제에게 묻고 싶은 말이 있다
형제의 마음에 하나님의 사랑이 부어진 것이다

롬5:7 의인을 위하여
죽는 자가 쉽지 않고
선인을 위하여 용감히
죽는 자가 혹 있거니와
롬5:8 우리가 아직 죄인 되었을 때에
1) 그리스도께서
　(누가? 누구를 위해?)
2) 우리를 위하여
　죽으심으로

롬5:10 곧 우리가 원수 되었을 때에
(왜 아들이라 했는가?)
그의 아들의 죽으심으로

* 설교자가 피의 복음을 선포할 때에
〈성령께서 성도들의 마음에 하나
님의 사랑을 부어주십니다〉 롬5:5

롬5:6-10 마음이 저며옵니까!!

---

⑭
마음에 새 언약+하나님의 사랑을 부어주시는 의도?
자신이 자신에게 설교하는 법을 훈련하라

시42:3 사람들이 종일
내게 하는 말이
네 하나님이
어디 있느뇨 하오니
내 눈물이
주야로 내 음식이
되었도다

시42:5 내 영혼아 네가 어찌하여
낙심하며 어찌하여
내 속에서 불안해 하는가
너는 하나님께
소망을 두라 그가 나타나
도우심으로 말미암아
내가 여전히 찬송하리로다

---

⑮

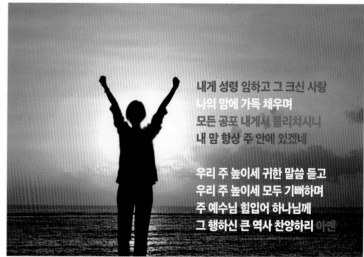

내게 성령 임하고 그 크신 사랑
나의 맘에 가득 채우며
모든 공포 내게서 물리치시니
내 맘 항상 주 안에 있겠네

우리 주 높이세 귀한 말씀 듣고
우리 주 높이세 모두 기뻐하며
주 예수님 힘입어 하나님께
그 행하신 큰 역사 찬양하리 아멘

You(도순)Tube

222강

요한이서, 요한삼서

진리와 사랑을 행하는 자를 보니 심히 기쁘다

❶ 요한이서, 요한삼서 중심주제가 무엇인가?

요이1:4 너의 자녀들 중에 우리가
아버지께 받은 계명대로
진리를 행하는 자를
내가 보니 심히 기쁘도다

* 요한2-3서 진리=아홉 번
* 요한2-3서 행함=여섯 번

요삼1:3 형제들이 와서
네가 진리 안에서
행한다 하니
내가 심히 기뻐하노라

요삼1:4 내가 내 자녀들이
진리 안에서 행한다 함을
듣는 것보다
더 기쁜 일이 없도다

❷ 요한이서, 요한삼서 중심주제=진리 핵심은 무엇인가? 사랑이다

요이1:5 부녀여, 내가 이제
네게 구하노니
서로 사랑하자

* 요한이서 사랑=네 번
* 요한삼서 사랑=여섯 번

요삼1:6 그들이 교회 앞에서
(가이오의)
사랑을 증언하였느니라

* 자문한다.
나 자신과 한국교회는
진리와 사랑을
행하고 있는가?

❸ 어떻게 하는 것이 진리와 사랑을 함께 행하는 것인가? 진리와 사랑을 함께 행하기 위해서는 분별력이 있어야 한다

갈2:14 진리, 베드로,
복음의 진리를 따라
바르게 행하지 않음

고후13:8 우리는 진리를 거슬러
아무 것도 할 수 없고
오직 진리를 위할 뿐이니

고전13:5-6 사랑
① 무례히
행하지 아니하며
② 자기의 유익을
구하지 아니하며
③ 불의를 기뻐하지
아니하며
진리와 함께
기뻐하고

❹ (요1:14)은혜와 진리가 충만하더라 (히12:14)모든 사람과 더불어 화평함과 거룩함을 따르라

고후13:8 오직 진리를 위할 뿐이니

고전8:1 지식은 교만하게 하며
사랑은 덕을 세우나니

* 에베소 교회와 두아디라 교회
① 진리는 보수, 사랑을 잃음
② 사랑은 있으나, 진리 잃음

엡4:15 오직 사랑 안에서
참된 것을 하여

* 진리와 함께 행하는 사랑
* 사랑과 함께 행하는 진리!

❺

요이1:1 장로인 나는 택하심을 받은 부녀와 그의 자녀들에게 편지하노니 내가 참으로
사랑하는 자요 나뿐 아니라
① 진리를 아는 모든 자도 그리하는 것은

요이1:2 우리 안에 거하여 영원히 우리와 함께 할 진리로 말미암음이로다

요이1:3 은혜와 긍휼과 평강이 하나님 아버지와 아버지의 아들
예수 그리스도께로부터 진리와 사랑 가운데서 우리와 함께 있으리라

요이1:4 너의 자녀들 중에 우리가 아버지께 받은 계명대로 진리를 행하는 자를
내가 보니 심히 기쁘도다

요이1:5 부녀여, 내가 이제 네게 구하노니 ② 서로 사랑하자 이는 새 계명 같이 네게
쓰는 것이 아니요 처음부터 우리가 가진 것이라

요이1:6 또 사랑은 이것이니 우리가 그 계명을 따라
행하는 것이요 계명은 이것이니 너희가
처음부터 들은 바와 같이 그 가운데서 행하라 하심이라

요이1:7 미혹하는 자가 세상에 많이 나왔나니 이는 예수 그리스도께서
육체로 오심을 부인하는 자라 이런 자가 미혹하는 자요 적그리스도니

요이1:8 너희는 스스로 삼가 우리가 일한 것을 잃지 말고 오직 온전한 상을 받으라

요이1:9 ③ 지나쳐 그리스도의 교훈(진리) 안에 거하지 아니하는 자는 다 하나님을 모
시지 못하되 교훈 안에 거하는 그 사람은 아버지와 아들을 모시느니라

요이1:10 누구든지 이 교훈을 가지지 않고 너희에게 나아가거든
④ 그를 집에 들이지도 말고 인사도 하지 말라

요이1:11 그에게 인사하는 자는 그 악한 일에 참여하는 자임이라

요이1:12 내가 너희에게 쓸 것이 많으나 종이와 먹으로 쓰기를 원하지 아니하고
오히려 너희에게 가서 ⑤ 대면하여 말하려 하니
이는 너희 기쁨을 충만하게 하려 함이라

요이1:13 택하심을 받은 네 자매의 자녀들이 네게 문안하느니라

❻

제1단원 1-4 분석도표
진리를 행하는 자를 내가 보니 심히 기쁘다

요이1:1-2 장로인 나는 택하심을 받은 ① 부녀와 그의 자녀들에게 편지하노니
내가 참으로 사랑하는 자요 나뿐 아니라

② 진리를 아는 모든 자도 그리하는 것은 우리 안에 거하여 영원히 우리와 함께 할
진리로 말미암음이로다

요이1:3 은혜와 긍휼과 평강이 하나님 아버지와 아버지의 아들
예수 그리스도께로부터 진리와 사랑 가운데서 우리와 함께 있으리라

요이1:4 너의 자녀들 중에 우리가 아버지께 받은 계명대로
③ 진리를 행하는 자를 내가 보니 심히 기쁘도다

❼

제2단원 5-6 분석도표
서로 사랑하자

요이1:5 부녀여, 내가 이제 네게 구하노니 서로 사랑하자
이는 새 계명 같이 네게 쓰는 것이 아니요
처음부터 우리가 가진 것이라

요이1:6 또 ① 사랑은 이것이니 우리가 그
계명을 따라 행하는 것이요(요13:34)
계명은 이것이니 너희가 처음부터
들은 바와 같이 그가운데서 ② 행하라 하심이라

제3단원 7-11 분석도표
미혹하는 적그리스도

요이1:7 　미혹하는 자가 세상에 많이 나왔나니 이는 　예수 그리스도께서 육체로 오심을
　　　　　부인하는 자라　　　　　　　　　　　이런 자가　미혹하는 자요 적그리스도니

요이1:8 　② 너희는 스스로 삼가 우리가 일한 것을 잃지 말고
　　　　　오직 온전한 상을 받으라　　　　(육체는 악한 것=가현설 주장)

요이1:9 　① 지나쳐 그리스도의 교훈 (진리)안에 거하지 아니하는 자는
　　　　　다 하나님을 모시지 못하되 교훈 안에 거하는
　　　　　그 사람은 아버지와 아들을 모시느니라

요이1:10 누구든지 이 교훈을 가지지 않고 너희에게 나아가거든
　　　　　　　　　　　③ 그를 집에 들이지도 말고 인사도 하지 말라

요이1:11 그에게 인사하는 자는　　　그 악한 일에 참여하는 자임이라

제4단원 12-13 분석도표
대면할 때 기쁨이 충만하게 하려함

요이1:12 내가 너희에게 쓸 것이 많으나 종이와 먹으로 쓰기를
　　　　　원하지 아니하고 오히려 ① 너희에게 가서

　　　　　　　　　　　대면하여 말하려 하니

　　　　　② 이는 너희 기쁨을 충만하게 하려 함이라

요이1:13 택하심을 받은 네 자매의 자녀들이 네게 문안하느니라

요한3서

요삼1:1 　장로인 나는 사랑하는 가이오 곧 내가 참으로 사랑하는 자에게 편지하노라
요삼1:2 　사랑하는 자여 네 영혼이 잘됨 같이 네가 범사에 잘되고 강건하기를 내가 간구하노라
요삼1:3 　형제들이 와서 네게 있는 진리를 증언하되 　네가 진리 안에서 행한다 하니　 내가 심히 기뻐하노라
요삼1:4 　내가 내 자녀들이 　　　　　　　　　　　　진리 안에서 행한다 함을 듣는 　것보다 더 기쁜 일이 없도다
요삼1:5 　사랑하는 자여 네가 무엇이든지 형제 곧 나그네 된 자들에게 행하는 것은 신실한 일이니
요삼1:6 　그들이 교회 앞에서 너의 사랑을 증언하였느니라 네가 하나님께 합당하게 그들을 전송하면 좋으리로다
요삼1:7 　이는 그들이 주의 이름을 위하여 나가서 이방인에게 아무 것도 받지 아니함이라
요삼1:8 　그러므로 우리가 이같은 자들을 영접하는 것이 마땅하니 이는 우리로 진리를 위하여 함께 일하는 자가 되게 하려 함이라
요삼1:9 　내가 두어 자를 교회에 썼으나 그들 중에 으뜸되기를 좋아하는 디오드레베가 우리를 맞아들이지 아니하니
요삼1:10 그러므로 내가 가면 그 행한 일을 잊지 아니하리라 그가 악한 말로 우리를 비방하고도 오히려 부족하여 형제들을 맞아들이지도 아니하고 맞아들이고자 하는 자를 금하여 교회에서 내쫓는도다
요삼1:11 사랑하는 자여 악한 것을 본받지 말고 선한 것을 본받으라 선을 행하는 자는 하나님께 속하고 악을 행하는 자는 하나님을 뵈옵지 못하였느니라
요삼1:12 데메드리오는 뭇 사람에게도, 진리에게서도 증거를 받았으매 우리도 증언하노니 너는 우리의 증언이 참된 줄을 아느니라
요삼1:13 내가 네게 쓸 것이 많으나 먹과 붓으로 쓰기를 원하지 아니하고
요삼1:14 속히 보기를 바라노니 또한 우리가 대면하여 말하리라
요삼1:15 평강이 네게 있을지어다 여러 친구가 네게 문안하느니라 너는 친구들의 이름을 들어 문안하라

⑪

제1단원 1-4 분석도표
진리 안에서 행하는 가이오

요삼1:1 장로인 나는 ① 사랑하는   가이오 곧 내가
참으로   사랑하는 자에게 편지하노라

요삼1:2   사랑하는 자여   ② 네 영혼이 잘됨 같이
네가 범사에 잘되고 강건하기를   내가 간구하노라

요삼1:3 형제들이   와서   네게 있는 진리를 증언하되
네가 진리 안에서 행한다 하니 내가 심히 기뻐하노라

요삼1:4 내가 내 자녀들이 ③ 진리 안에서 행한다 함을 듣는 것보다
더 기쁜 일이 없도다

⑫

제2단원 5-8 분석도표
진리를 위하여 함께 일하는 자

요삼1:5 사랑하는 자여 네가 무엇이든지 형제 곧
① 나그네 된 자들에게 행하는 것은 신실한 일이니

요삼1:6 그들이 교회 앞에서 너의 ② 사랑을 증언하였느니라
네가 하나님께 합당하게 그들을 전송하면 좋으리로다

요삼1:7 ③ 이는 그들이 주의 이름을 위하여 나가서 이방인에게
아무 것도 받지 아니함이라

요삼1:8 그러므로 우리가 이 같은 자들을 ④ 영접하는 것이 마땅하니
이는 우리로 진리를 위하여 함께 일하는 자가 되게 하려 함이라

⑬

제3단원 9-12 분석도표
교회 내에는 디오드레베와 데메드리오가 있다

요삼1:9 내가 두어 자를 교회에 썼으나 그들 중에 으뜸되기를 좋아하는
디오드레베가 우리를 맞아들이지 아니하니

요삼1:10 그러므로 ① 내가 가면 그 행한 일을 잊지 아니하리라 그가 악한 말로
우리를 비방하고도 오히려 부족하여 형제들을 맞아들이지도 아니하고
맞아들이고자 하는 자를 금하여 교회에서 내쫓는도다

요삼1:11 사랑하는 자여 악한 것을 본받지 말고 선한 것을 본받으라
선을 행하는 자는 하나님께 속하고 악을 행하는 자는
② 하나님을 뵈옵지 못하였느니라

요삼1:12 데메드리오는 ㉠ 뭇 사람에게도 ㉡ 진리에게서도 증거를 받았으매
㉢ 우리도 증언하노니 ➡ 너는 우리의 증언이 참된 줄을 아느니라

⑭

제4단원 13-15 분석 도표
주여! 어서 오시옵소서 Μαραναθα

요삼1:13 내가 네게 쓸 것이 많으나 먹과 붓으로 쓰기를 원하지 아니하고
요삼1:14 속히 보기를 바라노니 우리가 대면하여 말하리라

요이1:12 너희에게 가서 대면하여 말하려 하니
이는 너희 기쁨을 충만하게 하려 함이라

요삼1:15 평강이 네게 있을지어다 여러 친구가 네게 문안하느니라
너는 친구들의 이름을 들어 문안하라(아는 격려인 듯)

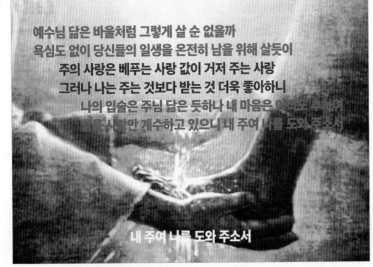

예수님 닮은 바울처럼 그렇게 살 순 없을까
욕심도 없이 당신들의 일생을 온전히 남을 위해 살듯이
주의 사랑은 베푸는 사랑 값이 거저 주는 사랑
그러나 나는 주는 것보다 받는 것 더욱 좋아하니
나의 입술은 주님 닮은 듯하나 내 마음은 이러투 차이여
받을 사랑만 계수하고 있으니 내 주여 나를 도와 주소서

내 주여 나를 도와 주소서

You(도순)Tube

223강

유다서

믿음의 도를 위하여 힘써 싸우라

❶ 서론 : 유다서는 누가 누구들에게 보낸 서신인가?

유1:1 예수 그리스도의 종이요
야고보의 형제인 유다는

① 부르심을 받은 자
② 하나님 아버지 안에서 사랑을 얻은 자
③ 예수 그리스도를 위하여 지키심을 받은 자들에게 편지하노라

* Q : 부르심, 사랑을 얻은 자, 지키심을 받은 자가 누구죠

**❷ 유다서를 기록하게 된 동기가 무엇인가?
유다서는 주님께서 한국교회에 하시는 말씀이다**

유1:3
우리가 일반으로 받은 구원에 관하여
편지하려는 생각이 간절하던 차에
1) 성도에게 단번에 주신
믿음의 도를 위하여
힘써 싸우라는
편지로 너희를 권하여야 할
필요를 느꼈노니

유1:4
2) 이는 가만히 들어온
사람 몇이 있음이라(이단)
① 우리 하나님의 은혜를 도리어
(윤리적으로)
방탕한 것으로 바꾸고
② 홀로 하나이신 주재 곧
우리 주 예수 그리스도를
부인하는 자니라(교리)

**❸ 중요 : 단번에 주신 믿음의 도(道)가 무엇인지
소망의 이유를 묻는 자에게 말해줄 수가 있는가?**

히10:10 예수 그리스도의 몸을
단번에 드리심으로
말미암아 이루어주신
복음을

롬3:22 예수 그리스도를
믿음으로 말미암아 모든
믿는 자에게 미치는
(단번에 주신 믿음의 도[道]이다)

고전15:3-4 내가 받은 것을 먼저
너희에게 전하였노니
(* 복음=네 가지 요점)
① 그리스도께서
② 우리 죄를 위하여 죽으시고
③ 사흘 만에 다시 살아나사
④ 성경대로, 성경대로
(단번에 주신 믿음의 도[道]이다)

**❹ 믿음의 도를 위하여 힘써 싸우라
어떻게 하는 것이 힘써 싸우는 것인가?(두 방면)**

갈1:8 우리나 혹은
하늘로부터 온 천사라도
① 다른 복음을 전하면
저주를 받을지어다

딛1:11 그들의 입을 막을 것이라

* 바울, 복음을 보수하며 변증했죠.
힘써 싸우는 것이다.

갈2:14 (바울) 그들이 복음의
진리를 따라 바르게
② 행하지 아니함을 보고

딛1:16 (입으로는) 하나님을
(복음)을 시인하나 행위로는
부인하니 가증한 자요

* 브델뤼그마(bdelugma)(우상숭배)

❺

**그렇다면 성령께서 유다서를 통해서 말씀하시려는
중심주제가 무엇인가? (네 가지)**

유1:20　사랑하는 자들아 **너희의 지극히**
　　　　① 거룩한 믿음 위에
　　　　② 자신을 세우며(건축하며)

유1:21　하나님의 사랑 안에서
　　　　③ 자신을 지키며 영생에 이르도록
　　　　우리 주 예수 그리스도의
　　　　④ 긍휼을 기다리라

❻

**구약교회가 멸망한 원인이 무엇인가?
㉠ 자신을 세우며 ㉡ 자신을 지키며 ㉢ 기다리지 못했다**

유1:4　이는 가만히 들어온
　　　　사람 몇이 있음이라
　　　　그들은 옛적부터
　　　　이 판결을 받기로
　　　　미리 기록된 자니

＊ 거짓의 아비는 창세기 3장에
　등장하는 사탄이죠.

＊ 구약시대 옛적에도 있었죠.

겔13:10　그들이 내 백성을
　　　　㉠ 유혹하여
　　　　㉡ 담을 쌓을 때에
　　　　회칠을 하는도다

겔13:18　㉢ 내 백성의 영혼은
　　　　사냥하면서(계18:13)

❼

**(유1:5-7) 구약의 역사적인 사실을 들어 경고한다
(히3:16) 듣고 격노하시게 하던 자가 누구냐(3:16,17,18)**

유1:5b　주께서 백성을 애굽에서 구원하여 내시고
　　　　① 후에 믿지 아니하는 자들을 멸하셨으며(불순종=불신앙)

유1:6　또 자기 ㉠ 지위를 지키지 아니하고 ㉡ 자기 처소를 떠난
　　　　② 천사들을 큰 날의 심판까지 **영원한 결박으로 흑암에** 가두셨으며
　　　　③ 소돔과 고모라, **영원한 불의 형벌을 받음으로**
　　　　거울이 되었느니라(유1:7, 벧후2:5)

❽

이단의 특성은 비방하는 것

유1:8　그러한데 꿈꾸는 이 사람들도 (夢遊病者) 그와 같이
　　　　1) 육체를 더럽히며
　　　　2) 권위를 업신여기며 영광을 비방하는도다

유1:9　감히 비방하는 판결을 내리지 못하고 다만 말하되
　　　　주께서 너를 꾸짖으시기를 원하노라 하였거늘

유1:10　이 사람들은 무엇이든지 그 알지 못하는 것을 비방하는도다

**⑨ (유1:19) 이 사람들은 분열을 일으키는 자며
육에 속한 자며 성령이 없는 자니라**

유1:14-15
에녹이 예언하여 이르되

1) 보라 주께서
　그 수만의 거룩한 자와 함께
　임하셨나니

2) 이는 뭇 사람을 심판하사 ◄──

① 경건하지 않은 자가
② 경건하지 않게 행한
③ 모든 경건하지 않은 일과
④ 또 경건하지 않은 죄인들이
⑤ 주를 거슬러 한
　모든 완악한 말로 말미암아
　그들을 정죄하려 하심이라

**⑩ 멸망에 이르는 세 가지 길
가인의길, 발람의 길, 고라의 길**

유1:11

화 있을진저 이 사람들이여
① 가인의 길에
　행하였으며(박해함)
② 발람의 어그러진 길로
　몰려 갔으며(삯꾼목자)
③ 고라의 패역을 따라
　멸망을 받았도다(반역)

계2:14

(버가모) 발람의 교훈을
지키는 자들이 있도다
㉠ 우상의 제물을 먹게 하고
㉡ 또 행음하게 하였느니라

**⑪ 너희와 함께 먹으니
이단이 깊이 침투한 것 같지 않은가? (12-13절의 묘사)**

유1:12
그들은 기탄 없이
너희와 함께 먹으니
너희의 애찬에 암초요
자기 몸만 기르는 목자요
바람에 불려가는 물 없는 구름이요
죽고 또 죽어 뿌리까지 뽑힌
열매 없는 가을 나무요

유1:13
자기 수치의 거품을 뿜는
바다의 거친 물결이요
영원히 예비된 캄캄한 흑암으로
돌아갈 유리하는 별들이라

* Q : 신화, 구속교리 부정,
　종교다원주의

**⑫ (고후11:29) 누가 약하면 내가 약하지 아니하며
누가 실족하게 되면 내가 애타지 아니하더냐**

* 세 부류의 사람

유1:22　① 어떤 의심하는 자들을 긍휼히 여기라

유1:23　② 또 어떤 자를 불에서 끌어내어 구원하라
　　　　　③ 또 어떤 자를 그 육체로 더럽힌 옷까지도 미워하되
　　　　　　두려움으로 긍휼히 여기라

⑬

이 사람들과(1:8, 16, 19) 대조적으로 세 번이나 사랑하는 자들아

유1:3   사랑하는 자들아
유1:17   사랑하는 자들아
유1:20-21 사랑하는 자들아

너희는 너희의 지극히 거룩한   ① 믿음 위에
자신을   ② 세우며
성령으로   ③ 기도하며
하나님의 사랑 안에서   ④ 자신을 지키며 영생에 이르도록
우리 주 예수 그리스도의 긍휼을   ⑤ 기다리라

⑭

유다서는 장엄한 축도로 마치고 있다 이 축도가 형제 위에 임하시기를 축원한다

유1:24
능히 너희를
   ① 보호하사
   ② 거침이 없게 하시고
   ③ 너희로
그 영광 앞에 흠이 없이
기쁨으로 서게 하실 이

유1:25
곧 우리 구주 홀로 하나이신
하나님께 우리 주
예수 그리스도로 말미암아
**영광과 위엄과 권력과
권세가 영원 전부터**
이제와 영원토록 있을지어다
-아멘-

⑮

잘 이기는 자는 상 주시리니
너 낙심치 말고 늘 전진하라
네 구세주 예수 힘 주시리니
주 예수를 믿어 늘 승리하라
우리 구주의 힘과 그의 위로를 빌라
주님 네 편에 서서 항상 도우시리

You(도순)Tube

224강

요한계시록 한 눈에 바라보기

망원경

❶

우선적으로 인식해야 할 점은
요한복음과 계시록의 기록목적에 확고하자

* 요한복음 기록목적

1) 말씀이 육신이 되어
   우리 가운데 거하시매(요1:14)
2) 다 이루었다 하시고
   머리를 숙이니 영혼이
   떠나가시니라(요19:30)

요20:31
오직 이것을 기록함은 너희로
① 예수께서 하나님의 아들
   그리스도이심을 믿게
   하려 함이요
② 또 너희로 믿고
   생명을 얻게 하려 함이니라

❷

계시록은 복음을 믿고 구원을 얻은 성도들에게 주어졌다
복음에 확고하지 못한 사람은 요한복음을 읽으라

* 계시록에 성도=열 세 번

계14:12 성도들의
인내가 여기 있나니
그들은 하나님의 계명과
예수에 대한
믿음을 지키는 자니라

계2:26 이기는 자와 끝까지
내 일을 지키는
그에게 만국을 다스리는
권세를 주리니

* 일곱 교회를 향해 이기는 자는
   이겨라, 이겨라 격려(2-3장)

❸

(계1:11) 네가 보는 것을 두루마리에 써서 일곱 교회에 보내라
계시록을 주신 하나님의 마음은 현재는 고난, 장래는 영광

계1:9 나 요한은 예수의
환난과 나라와 참음에 동
참하는 자라
하나님의 말씀과 예수를
증언하였음으로 말미암아
밧모라 하는 섬에 있었더니

panorama, The City of God

계21:10 성령으로 나를
크고 높은 산으로 올라가
하나님께로부터 내려오는
거룩한 성 예루살렘을
보이니

❹

신 구약의 하나님은 동일하시다
선지자를 높은 산으로 데리고 올라가신 의도

겔40:1
우리가 사로잡힌지 스물 다섯째 해

겔40:2
하나님의 이상 중에
나를 매우 높은 산 위에
내려놓으시는데
거기에 성읍 형상 같은 것이 있더라

겔40:4
내가 네게 보이는 그것을
① 눈으로 보고
② 귀로 들으며 네
③ 마음으로 생각할지어다 내가
   이것을 네게 보이려고 이리로
   데리고 왔나니 너는 본 것을 다
   이스라엘 족속에게 전할지어다

고로 계시록에는 네 기둥이 있다. 계시록의 중심 군맹무상(群盲撫象)이 아닌, 네 기둥을 꽉 잡으시라

<u>보좌 마흔 네 번</u>　<u>어린양 서른 번</u>

계7:10　**큰 소리로 외쳐 가로되**
구원하심이
<u>보좌에 앉으신</u>
<u>우리 하나님과</u>
<u>어린양에게 있도다</u>

<u>성령 열 세 번</u>　<u>교회 스무 번</u>

계22:17　**성령과 신부가**
말씀하시기를
<u>오라</u>　하시는도다 **듣는 자도**
<u>오라</u>　**할 것이요 목마른 자**
<u>올 것</u>　**이요, Come! 來! 來!**
또 원하는 자는 값 없이
생명수를 받으라

---

❻

① 구약의 중심도 하나님과 어린양이다 하나님의 구원계획은 자기 아들을 대속물로 삼아 이루심이다

창3:15　**내가**
여자의 후손으로
네 머리를 상하게 할 것이요

출12장　**여호와께서**
유월절 어린양

* 구약시대 내내, 하나님께
어린양으로 상번제를 드렸다.

사6:1　**이사야서의 두 주제,**
주께서 높이 들린
보좌에 앉으셨는데

사53:7　**도수장으로 끌려 가는**
어린양과 털 깎는 자
앞에서 잠잠한 양 같이
그의 입을 열지
아니하였도다

---

❼

② 성령과 신부(교회)가 오라! 오라고 초청한다 구약에서도 오라! 오라! 와서 먹으라 초청하신다

사55:1
오호라 너희 모든 목마른 자들아
1) 물로 나아　<u>오라</u>
2) 돈 없는 자도　<u>오라</u>
3) 너희는　<u>와서</u>
사 먹되 돈 없이,
값 없이　<u>와서</u>
포도주와 젖을 사라

행1:8
오직
1) 성령이
2) 너희에게 (교회, 신부)
임하시면
내 증인이 되어
오라, 오라고 초청하라
보좌, 어린양, 성령, 신부 네 기둥

---

❽

다음은 계시록 전체적인 구조를 인식하라 나무는 보고 숲은 보지 못하는 근시안이 되면 곁길로 빠진다

계2-3장　이기는 자는, 이기는 자는(전투)

계4-20장　누구와 싸워서
어떻게 이기는가 하는 내용(환난)

계21:7　이기는 자는 이것들을 상속으로 받으리라(영광)

⑨

① 우리가 싸워야 할 대적은 누구인가?
이기는 비결이 무엇인가?

2-3章
일곱 교회, 일곱 번 이기는 자는

요16:33
너희가 환난을 당하나 담대하라
내가 세상을 이기었노라

16:13
또 내가 보매 개구리 같은
세 더러운 영이

① 용의   입과
② 짐승의   입과
③ 거짓 선지자의   입에서 나오니

12:11
우리 형제들이

① 어린양의 피와
② 증언하는 말씀으로써
③ 그를 이겼으니

⑩

계시록에 서른 번 등장하는 어린양의 구속사적인 의미
(히1:4) 믿음으로 아벨은 하나님께 의로운 자라는 증거를 얻었다

창4:4 아벨은

1) 양의 첫 새끼와
   그 기름으로 드렸더니
2) 여호와께서 아벨과
   그의제물은 받으셨으나

시50:13 내가 수소의 고기를
먹으며 염소의 피를
마시겠느냐

받으심이 But how?

표면적 의미
이면적 의미

⑪

제사제도의 구속사적인 맥락, 죄가 들어오지 않았어도
어린양으로 시작하여 어린양으로 마치는 성경, 한 가지 만!?

창3장 죄가 들어옴(추방)
창4장 어린양이 드려짐
         아벨을 받아주심
창22장 숫양을 번제
출12장 유월절 어린양
민28:4 구약시대는 어린양을
         상번제(언제까지?)

요1:29 보라 세상 죄를 지고 가는
         하나님의 어린양이로다
계22:1 생명수 강이
         어린양 보좌로부터
계22:3 다시 저주가 없으며
         하나님과 어린양의 보좌가
         그 가운데에 있으리니
         (창4장-계22장까지 어린양)

⑫

② 계시록은 어린양의 무엇을 증언, 찬양하고 있는가?
(계5:6) 죽임 당한 어린양(1:5,18, 5:6, 9,12, 13:8)

계5:9 그들이 새 노래를 불러 이르되

1) 일찍이 죽임을 당하사 각 족속과
   방언과 백성과 나라 가운데에서
   사람들을 피로 사서
   하나님께 드리시고
2) 죽임을 당하신 어린양은
   존귀와 영광과 찬송을
   받으시기에 합당하도다(계5:12)

⑬
계시록에는 어린양을 대적하는 일곱 머리 열 뿔 666, 아마겟돈 전쟁이 있다

칠십 머리, 백 뿔이라도

계13:1	한 짐승이 나오는데 뿔이 열이요 머리가 일곱이라
계5:6	어린양 일곱 뿔과 일곱 눈이 있으니(666과 대조)
눅1:69	우리를 위하여 구원의 뿔을 다윗의 집에 일으키셨으니
출27:2	(번제단) 네 모퉁이 위에 뿔을 만들되

⑭
사탄의 지체와 그리스도의 지체

요일2:18
적그리스도가 오리라는 말을
너희가 들은 것과 같이 지금도
많은 적그리스도가 일어났으니

사탄

고전12:12 몸은 하나인데
많은 지체가 있고
롬6:13 너희 지체를 의의
무기로 하나님께 드리라

그리스도
계2:26-27

⑮
(마28:20) 볼지어다 내가 세상 끝날까지 너희와 항상 함께 있으리라 약속하셨다

계17:14a

그들이 1) 어린양과 더불어
싸우려니와 어린양은 만
주의 주시요 만왕의 왕
이시므로
그들을 이기실 터이요

계17:14b

또 2) 그와 함께 있는 자들
① 곧 부르심을 받고
② 택하심을 받은
③ 진실한 자들도
이기리로다

⑯
백마를 탄 대장과 세마포를 입고 백마를 타고 따르는 군대들을 보라

계19:11 또 내가 하늘이 열린 것을 보니

1) 보라 백마와 그것을 탄 자가 있으니
그 이름은 충신과 진실이라
그가 공의로 심판하며 싸우더
2) 하늘에 있는 군대들이
① 세마포 옷을 입고
② 백마를 타고
그를 따르더라(19:14)

⑰ 구속사의 세 번의 이루심을 명심하라

① 천지와 만물이
  다 이루어지니라(창2:1)

② 다 이루었다 하시고
  영혼이 떠나가시니라(요19:30)

③ 이루었도다
  나는 알파와 오메가요
  처음과 마지막이라(계21:6)

계22:12-13
내가 속히 오리니

① 나는 알파와 오메가요
② 처음과 마지막이요
③ 시작과 마침이라

⑱ 구원계획에는 하나님의 이름과 영광이 걸려 있다 그러므로 반드시 완성된다

사48:11 나는 나를 위하며
      나를 위하여
      이를 이룰 것이라
      어찌 내 이름을
      욕되게 하리요
      내 영광을 다른 자에게
      주지 아니하리라

삼상25:28 (아비가일) 여호와께서
       반드시 든든한 집을
       세우시리니
       이는 (다윗, 여러분이)
       여호와의 싸움을
       싸우심이요

딤전6:11 너 하나님의 사람아

* 이것이 계시록 한 눈에 바라보기다.

⑲

계시록의 네 기둥, 전체구조, 세 번의 이루심

그 언젠가 주 뵐 때까지 주를 위해 싸우리라
승리의 길 멀고 험해도 주님께서 나와 함께 싸워주신다
살아계신 주 나의 참된 소망 걱정근심 전연 없네
사랑의 주 내 갈길 인도하니 내 모든 삶의 기쁨 늘 충만하네

You(도순)Tube

225강

요한계시록 1장

계시록 1장을 알면 절반은 깨달은 것이다

❶ 계시록은 이렇게 시작된다
(계1:1) 예수 그리스도의 계시라(apokalypsis, 2중적 의미)

창3:15   여자의 후손(zera 씨)은 네 머리를 상하게 할 것이요

창22:18   또 네 씨로 말미암아 천하 만민이 복을 받으리니

삼하7:12 네 씨를 네 뒤에 세워 그의 나라를 견고하게 하리라
          성경의 시작과 끝이 "내게 대하여" 증언하는 것이라

마1:1   아브라함과 다윗의 자손 예수 그리스도의 계보라(요5:39)

요19:30   다 이루었다 하시고 머리를 숙이니 영혼이 떠나가시니라

계22:20   내가 진실로 속히 오리라, 이루었도다!!(21:6)

❷ 도발적이면서 본질적인 질문이다

요1:36   (세례요한) 예수께서 거니심을 보고 말하되
          보라 하나님의 어린양이로다

요1:37   두 제자가 그의 말을 듣고 예수를 따르거늘

요1:38   예수께서 물어 이르시되
          무엇을 구하느냐

요1:41   우리가 메시야를 만났다

성경을 대하는 중심 : 이것이 忠 이다

❸ 계시록 1장의 구조

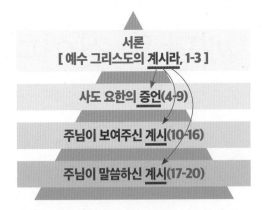

서론
[예수 그리스도의 계시라, 1-3]

사도 요한의 증언(4-9)

주님이 보여주신 계시(10-16)

주님이 말씀하신 계시(17-20)

❹ (계1:1-3) 서론

계1:1   예수 그리스도의 계시라
1) 이는 하나님이
2) 그에게 주사 반드시 속히
   일어날 일들을 그 종들에게
   보이시려고
3) 그의 천사를
4) 그 종 요한에게 보내어
   알게 하신 것이라

계1:2   요한은 하나님의 말씀과
예수 그리스도의 증거 곧
자기가 본 것을 다 증언하였느니라

계1:3   이 예언의 말씀을
        ㉠ 읽는 자와
        ㉡ 듣는 자와
        ㉢ 지키는 자는 복이 있나니
        때가 가까움이라

❺ **(계1:9) 요한의 증언인데 먼저 성 삼위 하나님의 이름으로 축복한다**

계1:4 요한은 아시아에 있는
일곱 교회에 편지하노니

① 이제도 계시고
전에도 계셨고
장차 오실 이시며(성부)

② 일곱 영과(성령)

계1:5a ③ 또 충성된 증인으로
죽은 자들 가운데에서
먼저 나시고
**땅의 임금들의 머리가 되
신 예수 그리스도로**
말미암아(성자)
은혜와 평강이
너희에게 있기를 원하노라

❻ **(계1:5-6) 사도 요한은 예수 그리스도를 여덟 가지로 증언하고 있다**

계1:5 (예수 그리스도는)
① 충성된 증인이시다
② (우리 죄를 위해) 죽으셨다
③ 먼저 살아나셨다
④ 우리를 사랑하셨다
⑤ 그의 피로 우리 죄에서 우리를
해방해주셨다

계1:6 그의
⑥ 아버지 하나님을 위하여
(자기 백성을 잃어버리셨지요)
⑦ 우리를 나라와 제사장으로
삼아주셨다
⑧ **계1:7** 그가 구름을 타고 오시리
라 요한의 증언이다

＊ 형제의 증언은 무엇입니까?

❼ **(계1:10-16) 주님이 보여주신 다섯 가지 계시**

요한복음의 주님

계1:12-13
돌이킬 때에
① 일곱 금 촛대를 보았는데
② 촛대 사이에 인자 같은 이가
발에 끌리는 옷을 입고
가슴에 금띠를 띠고
(누구 모습이죠?)

계시록의 주님

계1:15-16
그의 발은
③ 풀무불에 단련한
빛난 주석 같고
④ 그의 오른손에 일곱 별이 있고
⑤ 그의 입에서 좌우에 날선
검이 나오고 누구의 모습이죠?

❽ **구원계획을 이루시는 하나님은 구약시대도 동일하시다**

출3:2 여호와의 사자가
떨기나무
가운데로부터 나오는
불꽃 안에서
그에게 나타나시니라
그가 보니
떨기나무에 불이 붙었으나
그 떨기나무가 사라지지
아니하는지라

수23:3 너희의 하나님 여호와
그는 너희를 위하여
싸우신 이시니라

수23:10 너희 중 한 사람이
천 명을 쫓으리니 이는
너희의 하나님 여호와가
너희를 위하여
싸우심이라

⑨ (1:17-20) 주님이 말씀하신 계시다
주님의 ① ② ③ 의 말씀을 명심하라

계1:17-18 내가 볼 때에 그의
발 앞에 엎드러져
죽은 자 같이 되매
그가 오른손을
내게 얹고 이르시되

① 두려워하지 말라 **나는**
처음이요 마지막이니

② 곧 살아 있는 자라
내가 전에 죽었었노라
③ 이제 세세토록 살아 있어
사망과 음부의 열쇠를 가졌노니

⑩ 1장의 핵심, 계시록의 핵심, 성경의 핵심은
일곱 별(사람), 일곱 금 촛대(교회)가 비밀이다

계1:19-20 네가 본 것과 지금 있는 일과
장차 될 일을 기록하라

네가 본 것은
① 내 오른손의 일곱 별의 비밀과
② 일곱 금 촛대라
비밀=μυστήριον, müstēriŏn
③ 일곱 별=일곱 교회의 사자요
일곱 촛대=일곱 교회니라

⑪ 어찌하여 교회를 비밀이라 하시는가?
Q : 교회는 ① 누가 ② 어떻게 해서 세우시는가?

마16:18 ① 내가 이 반석 위에
내 교회를 세우리니

마1:23 ② 임마누엘 하셔서

마20:28 자기 목숨을 많은 사람의
③ 대속물로 주려 함이니라
(큰 비밀이죠)

고전2:7-8 하나님의 지혜(智慧)를
말하는 것
1) 곧 감추어졌던 것인데
2) 만일 알았더라면
영광의 주를 십자가에
못 박지 아니하였으리라

⑫ 교회의 용도는 무엇인가?
언제 완성되는가?

엡2:22 너희도
성령 안에서
하나님이 거하실
처소가 되기 위하여

그리스도 예수 안에서
함께 지어져 가느니라

계21:3 보라 하나님의 장막이
사람들과
함께 있으매
함께 계시리니
그들은 하나님의
백성이 되고 하나님은
친히 그들과 함께 계셔서

⑬

슥4:2-3
내가 보니 일곱 등잔이 있으며
등잔을 위해서
일곱 관(管)이 있고
감람나무로 연결 됨

행2:39 하나님이 얼마든지

---

⑭

오른 손의 일곱 별은 누구를 가리키는가?

<u>구속사적인 의미</u>	<u>계시록적인 의미</u>
요10:28 내가 그들에게 영생을 주노니	**계1:20** 일곱 별은 일곱 교회의 <u>사자</u>요
① 그들을 내 손에서 빼앗을 자가 없느니라 그들을 주신 내 아버지는 만물보다 크시매 아무도	Angels=천사, 전투하는 교회 将军(star)(목회자) 출애굽…모세
② 아버지 손에서 빼앗을 수 없느니라**(10:29)**	가나안 정복…여호수아 전투하는 교회…<u>교회사자</u>

---

⑮

계시록에 20번 등장하는 교회의 구속사적인 맥락
교회(계1:4)로 시작하여 교회(계22:6)로 마치는 계시록&성경

창2:8   에덴에 동산을 창설하시고 <u>그 지으신 사람을</u> <u>거기 두시니라</u>

출3:8   내가 내려가서 그들을
애굽인의 손에서 건져내고,   <u>지방에 데려가려 하노라</u>

마16:18 (잃어버렸다 찾으신 자들을 두기 위해서) <u>내 교회를 세우리니</u>

계21:3   보라 하나님의 장막이 사람들과 함께 있으매
               하나님이 그들과 <u>함께 계시리니</u>

---

⑯

계시록에 세 번 등장하는
알파와 오메가를 기억하라

계1:8
나는 알파와 오메가라
이제도 있고 전에도 있었고
장차 올 자요

계21:6
이루었도다
나는 (하나님) 알파와 오메가요
처음과 마지막이라

계2:12-13
보라
<u>내가 속히 오리니</u>
나는
알바와 오메가요
처음과 마지막이요
시작과 마침이라(확신)

1. 요한의 여덟 가지 증언
2. 주님이 보여주신 다섯 가지 계시
3. 주님이 말씀하신 세 가지 계시

핵심, 하나님의 비밀이 무엇이죠?
곧 형제가 하나님의 비밀이다

⑱

(계1:5b-9) 사도 요한의 증언

계1:5b 우리를 사랑하사 그의 피로 우리 죄에서 우리를 해방하시고

계1:6 그의 아버지 하나님을 위하여 우리를 나라와 제사장으로 삼으신 그에게 영광과 능력이 세세토록 있기를 원하노라 아멘

계1:7 볼지어다 그가 구름을 타고 오시리라 각 사람의 눈이 그를 보겠고 그를 찌른 자들도 볼 것이요 땅에 있는 모든 족속이 그로 말미암아 애곡하리니 그러하리라 아멘

계1:8 주 하나님이 이르시되 나는 알파와 오메가라 이제도 있고 전에도 있었고 장차 올 자요 **전능한 자라 하시더라**

계1:9 나 요한은 너희 형제요 예수의 환난과 나라와 참음에 동참하는 자라 하나님의 말씀과 예수를 증언하였음으로 말미암아 밧모라 하는 섬에 있었더니

⑲

(계1:10-16) 주님이 보여주신 계시

계1:10 주의 날에 내가 성령에 감동되어 내 뒤에서 나는 나팔 소리 같은 큰 음성을 들으니

계1:11 이르되 네가 보는 것을 두루마리에 써서 에베소, 서머나, 버가모, 두아디라, 사데, 빌라델비아, 라오디게아 등 일곱 교회에 보내라 하시기로

계1:12 몸을 돌이켜 나에게 말한 음성을 알아 보려고 돌이킬 때에 일곱 금 촛대를 보았는데

계1:13 촛대 사이에 인자 같은 이가 발에 끌리는 옷을 입고 가슴에 금띠를 띠고

계1:14 그의 머리와 털의 희기가 흰 양털 같고 눈 같으며 그의 눈은 불꽃 같고

계1:15 그의 발은 풀무불에 단련한 빛난 주석 같고 그의 음성은 많은 물 소리와 같으며

계1:16 그의 오른손에 일곱 별이 있고 그의 입에서 좌우에 날선 검이 나오고 그 얼굴은 해가 힘있게 비치는 것 같더라

⑳

(계1:17-20) 주님이 말씀하신 계시

계1:17 내가 볼 때에 그의 발 앞에 엎드러져 죽은 자 같이 되매 그가 오른손을 내게 얹고 이르시되 두려워하지 말라 나는 처음이요 마지막이니

계1:18 곧 살아 있는 자라 내가 전에 죽었었노라 **볼지어다** 이제 세세토록 살아 있어 사망과 음부의 열쇠를 가졌노니

계1:19 그러므로 네가 본 것과 지금 있는 일과 장차 될 일을 기록하라

계1:20 네가 본 것은 내 오른손의 일곱 별의 비밀과 또 일곱 금 촛대라 일곱 별은 일곱 교회의 사자요 일곱 촛대는 일곱 교회니라

You(도순)Tube

226강

요한계시록 2-3장
우리가 지켜야 할 것

❶ ㅇㅇㅇ 교회의 사자에게 편지하라

계2:1   에베소 교회의 사자에게
        편지하라
계2:8   서머나 교회의 사자에게
        편지하라
계2:12 버가모 교회의 사자에게
        편지하라
계2:18 두아디라 교회의 사자에게
        편지하라

계3:1   사데 교회의 사자에게
        편지하라
계3:7   빌라델비아 교회의
        사자에게 편지하라
계3:14 라오디게아 교회의
        사자에게 편지하라

* 왜 일곱 교회인가?

**❷ 일곱 교회에 말씀하는 순서를 보면
우리교회, 나 자신을 보실 때, 어떤 모습으로, 칭찬? 책망?**

1. ㅇㅇㅇ교회 사자(수신자)

2. 교회에 나타내시는
   주님의 모습 (송신자)

3. 내가 알거니와,
   칭찬과 격려를 하시죠
   * 복음을 보수함으로
     윤리에도 옳은 모습

4. 책망과 회개 촉구
   * 복음을 망각함으로
     윤리에도 실패한 모습

5. 이기는 자는 이러한 복을
   받으리라는 약속

6. 귀 있는 자는 성령이
   하시는 말씀을 들으라

❸ 계시록2-3장의 문맥적 고찰

계1:3   이 예언의 말씀을
        지키는 자는 복이 있나니

계22:7 이 두루마리의
        예언의 말씀을 지키는자는
        복이 있으리라
        하더라

계2:24 다른 짐으로 너희에게
        지울 것은 없노라

계2:25 다만 너희에게 있는 것을

2) 내가 올 때까지 굳게 잡으라
* 지켜야 할 것은 2-3장에 다 있다
  (칼빈?)

**❹ 2-3장의 중심점, 이기는 자는, 이기는 자는
① 복음을 보수? ② 거룩한 삶을 살라? (동전 앞뒤, 우선순위는?)**

* 예, 라오디게아 교회

계3:17 나는 부자라 부요하여
        부족한 것이 없다 하나
① 네 곤고한 것과 ② 가련한 것과
③ 가난한 것과   ④ 눈 먼 것과
⑤ 벌거벗은 것을 알지 못하는도다

* 언제 모습이죠? 우리 모습은?

계3:18 내게서, 흰 옷을 사서
        입어 벌거벗은 수치를
        보이지 않게 하라

계19:8 그(신부)에게
① 빛나고 깨끗한 세마포 옷을
   입도록 허락하셨으니
② 이 세마포 옷은 성도들의
   옳은 행실이로다 하더라

❺ 계시록은 무엇으로 이기라고 말씀하는가?
교훈은 중요, 그러나 우리 행위로는 사탄을 이길 수 없다

사탄, 마귀=2-3장 다섯 번, 계시록 전체 열두 번

롬8:3 율법이
① **육신으로 말미암아**
연약하여 할 수 없는 그것을
② **하나님은 하시나니**

계12:11 우리 형제들이
① **어린 양의 피와(복음)**
② **증언하는 말씀으로써**
③ **그를 이겼으니**
그들은 죽기까지 자기들의
생명을 아끼지 아니하였도다
(두 가지 요점)

❻ 에베소 교회의 사자에게 편지하라

계2:1 오른손에 있는 일곱 별을 붙잡고 일곱 금 촛대 사이를 거니시는 이가 이르시되

계2:2 내가 네 행위와 수고와 네 인내를 알고 또 악한 자들을 용납하지 아니한 것과 자칭 사도라 하되 아닌 자들을 시험하여 그의 거짓된 것을 네가 드러낸 것과

계2:3 또 네가 참고 내 이름을 위하여 견디고 게으르지 아니한 것을 ① **아노라**

계2:4 그러나 너를 책망할 것이 있나니 ② **너의 처음 사랑을 버렸느니라**

계2:5 그러므로 어디서 떨어졌는지를 생각하고 회개하여 처음 행위를 가지라 만일 그리하지 아니하고 회개하지 아니하면 내가 네게 가서 ③ **네 촛대를 그 자리에서 옮기리라**

계2:6 오직 네게 이것이 있으니 네가 ④ **니골라 당의 행위를 미워하는도다** 나도 이것을 미워하노라

계2:7 귀 있는 자는 ⑤ 성령이 교회들에게 하시는 말씀을 들을지어다 ⑥ 이기는 그에게는 내가 하나님의 낙원에 있는 생명나무의 열매를 주어 먹게 하리라

❼ (계2:5) 교회 촛대를 옮기리라 하신 죄가 무엇인가?

계2:4 그러나 너를 책망할 것이 있나니
너의 처음 사랑을
버렸느니라 (윤리?)

렘2:2 내가 너를 위하여
네 청년 때의 인애와 네
신혼 때의 사랑을
기억하노니

시50:8 네 제물 때문에 너를
책망하지는 아니하리니
네 번제가 항상 내 앞에
있음이로다

사50:14 감사로 하나님께 제사를 드리며

사50:22 하나님을 잊어버린 너희여

❽ 서머나 교회의 사자에게 편지하라

계2:8 처음이며 마지막이요 죽었다가 살아나신 이가 이르시되

계2:9 내가 네 환난과 궁핍을 ① 알거니와
② 실상은 네가 부요한 자니라 (But why?) 자칭 유대인이라 하는 자들의 비방도
③ 알거니와 실상은 유대인이 아니요 사탄의 회당이라

계2:10 너는 ④ 장차 받을 고난을 두려워하지 말라 볼지어다 마귀가 장차 너희 가운데에서 몇 사람을 옥에 던져 시험을 받게 하리니 너희가 10일 동안 환난을 받으리라
⑤ 네가 죽도록 충성하라 ⑥ 그리하면 내가 생명의 관을 네게 주리라

계2:11 귀 있는 자는 성령이 교회들에게 하시는 말씀을 들을지어다
⑦ 이기는 자는 둘째 사망의 해를 받지 아니하리라

버가모 교회의 사자에게 편지하라

계2:12 좌우에 날선 검을 가지신 이가 이르시되

계2:13 네가 어디에 사는지를 ① 내가 아노니 거기는 사탄의 권좌가 있는 데라 네가 내 이름을 굳게 잡아서 내 충성된 증인 안디바가 너희 가운데 곧 사탄이 사는 곳에서 ② 죽임을 당할 때에도 나를 믿는 믿음을 저버리지 아니하였도다

계2:14 그러나 네게 두어 가지 책망할 것이 있나니 거기 ③ 네게 발람의 교훈을 지키는 자들이 있도다 발람이 발락을 가르쳐 이스라엘 자손 앞에 걸림돌을 놓아 우상의 제물을 먹게 하였고 또 행음

하게 하였느니라

계2:15 이와 같이 네게도 니골라 당의 교훈을 지키는 자들이 있도다

계2:16 그러므로 회개하라 그리하지 아니하면 내가 네게 속히 가서 ④ 내 입의 검으로 그들과 싸우리라

계2:17 귀 있는 자는 성령이 교회들에게 하시는 말씀을 들을지어다 ⑤ 이기는 그에게는 내가 감추었던 만나를 주고 또 흰 돌을 줄 터인데 그 돌 위에 새 이름을 기록한 것이 있나니 받는 자 밖에는 그 이름을 알 사람이 없느니라

두아디라 교회의 사자에게 편지하라

계2:18 그눈이 불꽃 같고 그 발이 빛난 주석과 같은 하나님의 아들이 이르시되

계2:19 내가 네 사업과 사랑과 믿음과 섬김과 ① 인내를 아노니 네 나중 행위가 처음 것보다 많도다

계2:20 그러나 네게 책망할 일이 있노라 ② 자칭 선지자라 하는 여자 이세벨을 네가 용납함이니 그가 내 종들을 가르쳐 꾀어 행음하게 하고 우상의 제물을 먹게 하는도다

계2:21 또 내가 그에게 회개할 기회를 주었으되 자기의 음행을 회개하고자 하지 아니하는도다

계2:22 볼지어다 내가 그를 침상에 던질 터이요 또 그와 더불어 간음하는 자들도 만일 그의 행위를 회개하지 아니하면 큰 환난 가운데에 던지고

계2:23 또 내가 사망으로 그의 자녀를 죽이리니 ③ 모든 교회가 나는 사람의 뜻과 마음을 살피는 자인 줄 알지라 내가 너희 각 사람의 행위대로 갚아 주리라

계2:24 두아디라에 ④ 남아 있어 이 교훈을 받지 아니하고 소위 사탄의 깊은 것을 알지 못하는 너희에게 말하노니 다른 짐으로 너희에게 지울 것은 없노라

계2:25 다만 너희에게 있는 것을 내가 올 때까지 굳게 잡으라

계2:26 ⑤ 이기는 자와 끝까지 내 일을 지키는 그에게 만국을 다스리는 권세를 주리니

계2:27 그가 철장을 가지고 그들을 다스려 질그릇 깨뜨리는 것과 같이 하리라 나도 내 아버지께 받은 것이 그러하니라

계2:28 내가 또 그에게 새벽 별을 주리라

계2:29 귀 있는 자는 ⑥ 성령이 교회들에게 하시는 말씀을 들을지어다

사데 교회의 사자에게 편지하라

계3:1 하나님의 일곱 영과 일곱 별을 가지신 이가 이르시되

① 내가 네 행위를 아노니 ② 네가 살았다 하는 이름은 가졌으나 죽은 자로다

계3:2 너는 일깨어 그 남은 바 죽게 된 것을 굳건하게 하라 내 하나님 앞에 네 행위의 온전한 것을 찾지 못하였노니

계3:3 그러므로 ③ 네가 어떻게 받았으며 어떻게 들었는지 생각하고 지켜 회개하라 만일 일깨지 아니하면 내가 도둑 같이 이르리니 어느 때에 네게 이르는지 네가 알지 못하리라

계3:4 그러나 ④ 사데에 그 옷을 더럽히지 아니한 자 몇 명이 네게 있어 흰 옷을 입고 나와 함께 다니리니 그들은 합당한 자인 연고라

계3:5 ⑤ 이기는 자는 이와 같이 흰 옷을 입을 것이요 내가 그 이름을 생명책에서 결코 지우지 아니하고 ⑥ 그 이름을 내 아버지 앞과 그의 천사들 앞에서 시인하리라

계3:6 귀 있는 자는 성령이 교회들에게 하시는 말씀을 들을지어다

⑬ 생기가 들어가매 그들이 곧 살아나서 일어나 서는데 극히 큰 군대더라

계3:1 (사데교회)
하나님의 일곱 영과
일곱 별을 가지신 이가
이르시되

① 내가 네 행위를 아노니
네가 살았다 하는
이름은 가졌으나
죽은 자로다

겔37:8 뼈에 힘줄이 생기고
살이 오르며
그 위에 가죽이 덮이나
② 그 속에 생기는 없더라

⑭ 빌라델비아 교회의 사자에게 편지하라

계3:7 거룩하고 진실하사 다윗의 열쇠를 가지신 이 곧 열면 닫을
사람이 없고 닫으면 열 사람이 없는 그가 이르시되

계3:8 볼지어다 내가 네 앞에 열린 문을 두었으되
능히 닫을 사람이 없으리라 ① 내가 네 행위를 아노니

② 네가 작은 능력을 가지고서도 내 말을 지키며
내 이름을 배반하지 아니하였도다

계3:9 보라 사탄의 회당 곧 자칭 유대인이라 하나 그렇지 아니하고
거짓말 하는 자들 중에서 몇을 네게 주어 그들로 와서
네 발 앞에 절하게 하고 내가 너를 사랑하는 줄을 알게 하리라

계3:10 ③ 네가 나의 인내의 말씀을 지켰은즉 내가 또한 너를 지켜 시험
의 때를 면하게 하리니 이는 장차 온 세상에 임하여 땅에 거하
는 자들을 시험할 때라

계3:11 ④ 내가 속히 오리니 네가 가진 것을 굳게 잡아 아무도 네 면류관
을 빼앗지 못하게 하라

계3:12 ⑤ 이기는 자는 내 하나님 성전에 기둥이 되게 하리니 그가 결코
다시 나가지 아니하리라 내가 하나님의 이름과 하나님의 성 곧
하늘에서 내 하나님께로부터 내려오는 새 예루살렘의 이름과

⑥ 나의 새 이름을 그이 위에 기록하리라

계3:13 귀 있는 자는 성령이 교회들에게 하시는 말씀을 들을지어다

⑮ (계3:11) 네가 가진 것을 굳게 잡아 아무도 네 면류관을 빼앗지 못하게 하라

계3:8 (빌라델비아 교회)
내가 네 행위를 아노니
네가 작은 능력을
가지고서도
내 말을 지키며
내 이름을 배반하지
아니하였도다

계3:10 네가 나의
인내의 말씀을 지켰은즉
내가 또한 너를 지켜
시험의 때를 면하게 하리니

시91:14 그가 나를 사랑한즉
내가 그를 건지리라
그가 내 이름을 안즉
내가 그를 높이리라

⑯ 라오디게아 교회의 사자에게 편지하라

계3:14 아멘이시요 충성되고 참된 증인이시요 하나님의 창조의
근본이신 이가 이르시되

계3:15 내가 네 행위를 ① 아노니
네가 차지도 아니하고 뜨겁지도 아니하도다
네가 차든지 뜨겁든지 하기를 원하노라

계3:16 네가 이같이 미지근하여 뜨겁지도 아니하고 차지도 아니하니
② 내 입에서 너를 토하여 버리리라

계3:17 네가 말하기를 나는 부자라 부요하여 부족한 것이 없다 하나
③ 네 곤고한 것과 가련한 것과 가난한 것과 눈 먼 것과
벌거벗은 것을 알지 못하는도다

계3:18 내가 너를 권하노니 ④ 내게서 불로 연단한 금을 사서
부요하게 하고 흰 옷을 사서 입어 벌거벗은 수치를
보이지 않게 하고 안약을 사서 눈에 발라 보게 하라

계3:19 무릇 내가 사랑하는 자를 책망하여 징계하노니
그러므로 네가 열심을 내라 회개하라

계3:20 볼지어다 ⑤ 내가 문 밖에 서서 두드리노니 누구든지
내 음성을 듣고 문을 열면 내가 그에게로 들어가
그와 더불어 먹고 그는 나와 더불어 먹으리라

계3:21 ⑥ 이기는 그에게는 내가 내 보좌에 함께 앉게 하여 주기를
내가 이기고 아버지 보좌에 함께 앉은 것과 같이 하리라

계3:22 귀 있는 자는 ⑦ 성령이 교회들에게 하시는 말씀을 들을지어다

알지 못하는도다 不知道
(눅24:31) 그들의 눈이 밝아져 그인 줄 알아 보더니

계3:17 (라오디게아) 나는 부자라 **부족한 것이 없다 하나**
① 네 곤고한 것과
② 가련한 것과
③ 가난한 것과
④ 눈 먼 것과
⑤ 벌거벗은 것을 알지 못하는도다

3:18 **내게서**
① 불로 연단한 금을 사서 **부요하게 하고**
② (내게서) 흰 옷을 사서 입어 **벌거벗은 수치를 보이지 않게 하고**
③ (내게서) 안약을 사서 **눈에 발라 보게 하라**

---

⑱

계시록 2-3장의 약속이
계시록 20-22장에서 성취되는 것을 주목하시라

계2:7 이기는 그에게는 내가 하나님의 낙원에 있는 생명나무의 열매를 주어 먹게 하리라

계22:14 자기 두루마기를 빠는 자들은 복이 있으니
1) 생명나무에 나아가며
2) 문들을 통하여 성에 들어갈 권세를 받으려 함이로다

계2:11 이기는 자는 둘째 사망의 해를 받지 아니하리라

계20:6 둘째 사망이 그들을 다스리는 권세가 없고 도리어 **그들이** 하나님과 그리스도의 제사장이 되어 천 년 동안 그리스도와 더불어 왕 노릇 하리라

---

⑲

계시록 2-3장을 마치기 전에
한국교회가 통절히 반성할 점이 있다

주님을 문 밖으로 추방한 원인은 무엇? 책임은?

계1:5 우리를 사랑하사 <u>그의 피로</u> 우리 죄에서 우리를 해방
계1:13 촛대 사이에 인자 같은 이가 계심을 보여주셨죠

계3:20 라오디게아 교회
* 내가 문 밖에 서서 두드리노니 알지 못하는도다

You(도순)Tube

227강

요한계시록 4-5장

계시록의 중심장, 보좌와 어린양

❶

계시록 2-3장의 지상 교회에 맞춰져 있던 초점이 구원계획의 주체이신 천상의 보좌로 옮겨지고 있다

* 4장은 이렇게 시작된다

계4:1 이 일 후에 내가 보니
① 하늘에 열린 문이 있는데
② 이리로 올라오라

* 이를 교회의 휴거로 보는
견해가 있다

* 근거로 22:16에 이르도록 "교회"가 등장하지 않는다고 말한다

계8:4 향연(香煙)이
성도의 기도와 함께
하나님 앞으로 올라
가는지라(성도=열 세 번)

계4:1 내가 네게 보이리라

---

❷

계시록 4-5장의 문맥적 고찰 보좌와 어린양이 계시록의 핵심이요, 성경의 중심

1장
일곱 별의 비밀과
또 일곱 금 촛대라(20)
교회=비밀임을 말씀했죠

2-3장
일곱 금 촛대 사이를 거니시는 이가
일곱 교회에 편지하라 하셨죠

4-5장
교회가 어떻게 해서 세워지게
되었는지를 보여주시는 문맥이다

① 구원하심이 보좌(4장)에
앉으신 우리 하나님과
② 어린양(5장)에게 있도다(7:10)

---

❸

(계4:1) 하늘에 열린 문이 있는데 이리로 올라오라(天上의 광경을 보여주시죠)

계4:2 내가 곧 성령에 감동되었더니 보라 하늘에 보좌를 베풀었고
그 보좌 위에 앉으신 이가 있는데

계4:4 24보좌에 ① 24장로들이 흰 옷을 입고 ② 머리에 금관을 쓰고 앉았더라
계4:5 보좌 앞에 켠 등불 일곱이 있으니 이는 ③ 하나님의 일곱 영이라
계4:6 보좌 주위에 ④ 네 생물이 있는데 앞뒤에 눈들이 가득하더라
계4:9 그 생물들이 보좌에 앉으사 세세토록 살아 계시는 이에게
영광과 존귀와 감사를 돌릴 때에 (사6장)
계4:10 ⑤ 24장로들, 자기의 관을 보좌 앞에 드리며 이르되
계4:11 주 하나님이여 영광과 존귀와 권능을 받으시는 것이 합당하오니
⑥ 주께서 만물을 지으신지라

---

❹

계시록 4장의 중심은 보좌이다 모두 열 한 절인데 보좌가 열 세 번이나 등장한다

계4:2 내가 곧 성령에
감동되었더니
보라 하늘에 보좌를
베풀었고
그 보좌 위에 앉으신
이가 있는데(하나님)

계4:4 24보좌에
① 24장로들이 흰 옷을
입고
② 머리에 금관을 쓰고
앉았더라

계4:10 ③ 자기의 관을 보좌 앞에
드리며 경배하죠

---

❺ 이 광경을 본 요한은 무엇을 생각했을까?
이것이 장래의 네 모습이니라

벧전5:1 (베드로)
1) 나는 함께 장로 된 자요
2) 그리스도의 고난의 증인이요
3) 나타날 영광에 참여할 자니라
   (저 장로들은 누군가?)

엡2:6 그리스도 예수 안에서
   <u>함께 하늘에 앉히시니</u>

계21:12 이스라엘 자손
   열두 지파의 **이름들이라**

계21:14 어린양의 열두 사도의
   열두 이름이 있더라

❻ 우리를 구원하신 분은 창조주 하나님이시다
창조주 하나님이 우리들의 아빠 아버지이시다

계4:11 우리 주 하나님이여

1) 영광과 존귀와 권능을
   받으시는 것이 합당하오니
2) 주께서 <u>만물을 지으신지라</u>
   만물이 주의 뜻대로 있었고
   지으심을 받았나이다

* 창세기를 기록한 모세,
  1차 독자는 누구죠?

우리를 출애굽히키신 분은
출20:11 이는 엿새 동안에
   나 여호와가 하늘과 땅과
   바다와 그 가운데
   <u>모든 것을 만드신 하나님</u>

❼ 지상 교회의 모델이 될
천상 교회의 예배광경을 보시죠

계4:8 네 생물은 각각
   <u>여섯 날개를 가졌고</u>

사6:2-3 스랍들이 모시고 섰는데
   각기 여섯 날개가 있어
① 둘로는 자기의 얼굴을 가리었고
② 그 둘로는 자기의 발을 가리었고
③ 그 둘로는 날며 서로 불러 이르되
   <u>거룩하다 거룩하다 거룩하다</u>
   <u>만군의 여호와여</u> 그의 영광이
   온 땅에 충만하도다 하더라
   (계4:8)

❽ 계시록 5장, 초점이 어디로 맞춰지고 있는가?

계5:1 내가 보매 보좌에 앉으신 이의
오른손에 두루마리가 있으니 안팎으로
썼고 일곱 인으로 봉하였더라

계5:2 또 보매 힘있는 천사가 큰 음성으
로 외치기를 ① 누가 그 두루마리를 펴며
그 인을 떼기에 합당하냐 하나

계5:3 하늘 위에나 땅 위에나 땅 아래
② 능히 그 두루마리를 펴거나 보거나 할
자가 없더라

계5:4 그 두루마리를 펴거나 보거나 하
기에 합당한 자가 보이지 아니하기로

③ 내가 크게 울었더니

5장의 핵심 = 죽임을 당한 어린양이다

계5:5 장로 중의 한 사람이 내게 말하되
울지 말라 ④ 유대 지파의 사자(獅子
Lion) 다윗의 뿌리가 이겼으니 그 두루마
리와 일곱 인을 떼시리라 하더라

계5:6 내가 또 보니 보좌와 네 생물과
장로들 사이에 ⑤ 한 어린양이 서 있는데
⑥ 일찍이 죽임을 당한 것 같더라 일곱 뿔
과 일곱 눈이 있으니 이 눈들은 온 땅에 보
내심을 받은 하나님의 일곱 영이더라

❾ 재차 삼차 본질적인 질문을 상기시킨다
형제는 계시록에서 누구를 만나기를 원하는가?

요1:36   (세례 요한) 보라 하나님의 어린양이로다!
요1:37   두 제자가 그의 말을 듣고 예수님을 따른다.
요1:38   예수께서 물어 이르시되
         <u>무엇을 구하느냐</u>

* 정답은   <u><하나님의 어린양></u> 이다.
* 5장에서 드디어 하나님의 어린양을 만나시게 된다.
* 질문 1. 성경 외에 다른 인봉한 책이 있는가?
* 질문 2. 이제도 크게 울 일이 남아 있단 말인가?

---

❿ 5장은 우리의 시선을 어디로 인도하고 있는가?

| 하나님 봉인한 책 | 인을 뗄 자가 없다 | 요한 크게 울었다 | 장로 울지 말라 유다지파의 사자가 이겼다 | 내가 보니 어린양이 서 있다 | 어린양 죽임을 당한 것 같음 봉한 책을 취하심 |

⓫ 형제는 사자(Lion)가 되기를 원하는가?
어린양(Lamb)이 되기를 원하는가?

계5:4-5   그 두루마리를 펴거나
          보거나 하기에 합당한
          자가 보이지 아니하기로

① 내가 크게 울었더니
   * 다 이루었다 선언하신 이제도?
② 울지 말라 유대 지파의 사자(獅子
   Lion) <u>다윗의 뿌리가 이겼으니</u>

계5:6   내가 또 보니

③ 어린양이 서 있는데
④ 일찍이 죽임을 당한 것 같더라
   (첫 등장)
계1:1, 2, 5 = 예수그리스도
* 인봉을 떼시는 것과 결부해
  어린양이라 한다는 점!

⓬ 인봉한 책의 구속사적인 맥락
만일 성경 외에 봉인된 다른 책이 있다면 어떻게 되는가?

렘32:10 밭을 사라
① 증서를 써서 봉인하고
② 32:14-15
   토기에 담아
   오랫동안
   <u>보존하게 하라</u>

③ 사람이 이 땅에서
   집과 밭과 포도원을
   → 다시 사게 되리라
   <u>(인을 뗄 날이 온다)</u>

롬3:25 하나님께서는 우리의 죄를
        길이 참으시는 중에
        간과하셨다고 말씀했다
        (오래 보존?)

⑬ 죄 값에 팔린 노비증서와 같은 것이다

골2:13-14
(자기 아들로 값을 지불하게 하시어)

① 우리 모든 죄를 사하시고
② 우리를 거스르고 불리하게 하는
　법조문으로 쓴 증서(證書)를
③ 지우시고
④ 제하여 버리사
⑤ 십자가에 못 박으셨다.

＊ 오래 보존한 죄 값을
　피로 값을 주고
　다시 사셨다고 증언한다.

⑮ 새 노래＝새 언약의 노래

계5:7　그 어린양이 나아와서
　　　　보좌에 앉으신 이의
　　　　오른손에서

① 두루마리를 취하시니라

＊ 만일 거부하셨다면?
＊ 나의 원대로 마시고
　아버지의 원대로 하옵소서

계5:9　새 노래: 그 인봉을 떼기에
　　　　합당하시도다

① 일찍이 죽임을 당하사
　각 족속과 백성과 나라
　가운데서 사람들을
② 피로 사서 ◀──────
　하나님께 드리시고

⑭ 새 노래로 무엇을 찬양하는지를 화살표 따라 설명

계5:7　그 어린양이 나아와서 보좌에 앉으신 이의 오른손에서

　　　　│
　　　　▼

① 두루마리를 취하시니라

계5:8　② 네 생물과 이십사 장로들이 그 어린양 앞에 엎드려

계5:9　③ 새 노래를 불러 이르되 두루마리를 가지시고 그 인봉을 떼기에
　　　　합당하시도다 일찍이 죽임을 당하사 각 족속과 방언과 백성과 나
　　　　라 가운데서 사람들을 피로 사서 하나님께 드리시고

계5:10　그들로 ④ 우리 하나님 앞에서 나라와 제사장들을 삼으셨으니 그
　　　　들이 땅에서 왕 노릇 하리로다 하더라

계5:11　⑤ 천사의 음성이 있으니 그 수가 만만이요 천천이라

계5:12　큰 음성으로 이르되 죽임을 당하신 어린양은 능력과 부와 지혜와
　　　　힘과 존귀와 영광과 찬송을 받으시기에 합당하도다 하더라

계5:13　⑥ 모든 피조물이 이르되 ㉠ 보좌에 앉으신 이와 ㉡ 어린양에게
　　　　찬송과 존귀와 영광과 권능을 세세토록 돌릴지어다 하니

계5:14　⑦ 네 생물이 이르되 아멘 하고 장로들은 엎드려 경배하더라

⑯ 어린양의 죽음을 통해 이루어주신 것이 무엇인가? (계5:14) 네 생물은 아멘 하고 장로들은 엎드려 경배하더라

계5:10
① (피로 사서 하나님께 드리신 5:9) 그들로 하나님 앞에서
② 나라와 제사장들을 삼아주셨다

계1:6
아버지 하나님을 위하여
우리를 나라와 제사장으로
삼으셨다

계5:12
큰 음성으로 이르되
① 죽임을 당하신 어린양은
② 능력과 부와 지혜와 힘과
존귀와 영광과
→ 찬송을 받으시기에
합당하도다 하더라

⑰ 우리의 구원은(교회는) ① 누가 계획하시고 ② 어떻게 해서 가능했는가?

엡3:9 하나님 속에
감추어졌던
① 비밀의 경륜(經綸) ←

고전2:7-8 감추어졌던
② 하나님의 지혜(智慧)를
말하는 것으로

마1:23 ① 임마누엘하셔서

마16:18 내가 이 반석 위에
② 내 교회를 세우리니

마20:28 자기 목숨을
③ 대속물로 주려함이니라

⑱
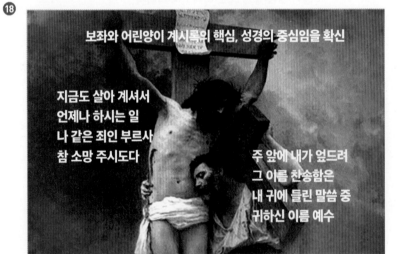

보좌와 어린양이 계시록의 핵심, 성경의 중심임을 확신

지금도 살아 계셔서
언제나 하시는 일
나 같은 죄인 부르사
참 소망 주시도다

주 앞에 내가 엎드려
그 이름 찬송함은
내 귀에 들린 말씀 중
귀하신 이름 예수

You(도순)Tube

228강

요한계시록 6장

일곱 인, 일곱 나팔, 일곱 대접의
구속사적인 의미

①

행2:17 하나님께서 말세에

1) 내가 내 영을 모든 육체에 부어 주리니
2) 너희의 자녀들은 예언할 것이요
3) 너희의 젊은이들은 환상을 보고
4) 너희의 늙은이들은 꿈을 꾸리라

* 계시록(默示)을 대할 때 환상을 보고 꿈을 꾸라.

②

일곱 째 인을 떼자 → 일곱 나팔 일곱 째 **나팔에서** → 일곱 대접 일곱 째 대접 **되었다**

③

유월절 어린양 → 오순절 성령 강림 → 초막절 큰날(最大之日)

④

계5:9 (어린양) 인봉을 떼기에
합당하시도다

골1:26 ① 이 비밀은 만세와
만대로부터
감추어졌던 것인데
② 이제는 그의
성도들에게 나타났고
(일곱 인을 떼심으로)

딤후1:10 사망을 폐하시고
복음을 드러내신지라

❺

계시록 6장=첫째 인-여섯째 인을 떼시는 내용이다
(계6:1) 내가 보매 어린양이 일곱 인 중의 하나를 떼시는데

계6:2 흰 말이 있는데
① 그 탄 자가 활을 가졌고
② 면류관을 받고
③ 나아가서 이기고 또
이기려고 하더라(2-3장)

둘째 인 = 붉은 말,
　　　　화평을 제하여 버림
셋째 인 = 검은 말, 기근
넷째 인 = 청황 색 말 죽음
다섯째 인 = 순교자들의 호소
여섯째 인 = 큰지진, 해와 달의 징조

* 인을 뗄 때 나타나는 징조는
　인봉한 책 내용이 아니다.

❻

이 모든 것은 재난의 시작이니라
아직 끝은 아니니라(마24:6, 8)

계6:8
그들이

계8:7
피 섞인 우박과 불이 나와서
땅에 쏟아지매

1) 땅 1/4의 권세를 얻어
　검과 흉년과 사망과
　땅의 짐승들로써 죽이더라

2) 땅의 1/3이 타 버리고
　(8장=1/3, 열두 번)
　* 재앙이 점차 강화되고 있다.

❼

(벧전3:20) 노아의 날 방주를 준비할 동안
하나님이 오래 참고 기다리실 때에 복종하지 아니하던 자들

계9:20
이 재앙에 죽지 않고 남은 사람들은
손으로 행한 일을

회개하지 아니하고 오히려
여러 귀신과 동과 목석의
우상에게 절하고
(기다리시는 하나님)

계9:21
또 그 살인과 복술과 음행과 도둑질을
회개하지 아니하더라

계16:11
아픈 것과 종기로 말미암아 하늘의
하나님을 비방하고 그들의 행위를
회개하지 아니하더라

❽

② 나팔 이미지=널리 알리는 것이다
(딤후1:11) 내가 이 복음을 위하여 선포자로 세움을 입었노라

계8:1-2 일곱째 인을 떼실 때에
① 일곱 천사가 (형제도)
② 일곱 나팔을 받았더라

요19:30 십자가상에서
다 이루었다(인을 떼심)

⬇

눅24:48 (부활하신 주님)
너희는 이 모든 일의
증인이라(나팔을 불라)

⑨

계10:2　펴 놓인 작은 두루마리를
계10:9　요한에게

1) 갖다 먹어 버리라
　계10:11　네가 많은 백성과
　　　　　　나라와 방언과
　　　　　　임금에게

2) 다시 예언하여야 하리라
　겔3:1-4　먹고 가서
　　　　　　내 말로 그들에게
　　　　　　고하라

---

⑩

계11:15
일곱째 천사의
나팔에서
일곱 대접이 나오죠

계15:7
하나님의 진노를 가득히 담은
금 대접 일곱을
일곱 천사들에게 주니

16:17　일곱째 천사가(마지막 대접)
　　　　그 대접을 공중에 쏟으매
　　　　되었다　* 심판이 완료되죠

---

⑪

계16:19　큰 성 바벨론이
　　　　　하나님 앞에 맹렬한
　　　　　진노의 포도주 잔을 받으매

계17:5　큰 바벨론이라

계18:2　무너졌도다 무너졌도다
　　　　　큰 성 바벨론이여

계18:17　한 시간에 망하였도다
계18:19　한 시간에 망하였도다

---

⑫

단2:38　바벨론의 느부갓네살 왕은
　　　　　(금 신상) 금 머리니이다

바벨론 ➡ 바사(머리=바벨론)
헬라 ➡ 로마=발의 나라

왕하25:9　여호와의 성전과
　　　　　　왕궁을 불사르고

단2:34　손대지 아니한 돌이 나와서
　　　　　신상의 발을 쳐서 부서뜨리매
　　　　　* 바벨론의 멸망으로
　　　　　　이방의 때가 끝나게 되죠

눅21:24　예루살렘은
　　　　　이방인의 때가 차기까지
　　　　　너희 때요 어둠의 권세
　　　　　(눅22:53)

계18:4　내 백성아, 거기서 나와
　　　　　재앙들을 받지 말라

⑬

비로소 할렐루야가 울려 퍼진다
명심 : 주 우리 하나님이 통치(統治)하시도다

* 신약성경에서 할렐루야
  처음으로 등장 19장=네 번

계19:1   하늘에 허다한 무리의
         큰 음성 같은 것이 있어
         이르되 할렐루야
         구원과 영광과 능력이
         우리 하나님께 있도다

계19:6-7 할렐루야 주 우리 하나님
         곧 전능하신 이가

① 통치(統治)하시도다
② 어린양의 혼인 기약이
   이르렀고

* 함께 사는 하나님의 나라

⑭

일곱 인, 일곱 나팔, 일곱 대접의 구속사적인 의미에 확고한
형제가 증언하는 복음은 일곱 째 마지막 나팔일 수도 있다

일곱 째 인을
떼자

일곱 나팔
일곱 째
나팔에서

일곱 대접
일곱 째 대접
되었다

고전14:8 만일 나팔이 분명하지 못한 소리를 내면??

⑮

함께 찬양하십시다

You(도순)Tube

229강

요한계시록 7장, 12장
나는 예수 그리스도의 증인

❶

그리스도의 증인은 어떤 사람인가?
(고전2:16) 누가 주의 마음을 알아서 주를 가르치겠느냐

일곱 째 인을 **떼자** → 일곱 나팔 일곱 째 **나팔에서** → 일곱 대접 일곱 째 대접 **되었다**

막8:17 아직도 깨닫지 못하느냐 너희 마음이 둔하냐

---

❷

7장   인침을 받은 자들이 144000(계7:4)
인침의 구속사적인 의미가 무엇인가?

계5:9 사람들을 피로 사서
하나님께 드리시고

벧전2:9 너희는 그의
① 소유(所有)가 된
백성이니

고후1:22 우리에게
인(印)치시고
② 보증(保證)으로
성령을 주셨느니라

고후5:5 보증으로 **성령을 주신**
이는 하나님이시니라

---

❸

그러면 누가, 언제 인을 치는가?
(엡4:30) 성령: 너희가 구원의 날까지 인치심을 받았느니라

계7:4 인침을 받은 자들이
144000
↓
계14:3 땅에서

1) 속량함을 받은 144000
* 그리스도께서 속량하시고
* 성령께서 인을 치시죠

엡1:13 (언제?) 너희의

1) 구원의 복음을 듣고
2) 또한 믿을 때
3) 약속의 성령으로
인치심을 받았으니
* 질문, 속량=인침을
받은 자인가? 아닌가?

---

❹

그러면 4절의 144000은 누구이고
7절의 큰 무리는 누구인가? 왜 큰 무리는 인침이 없는가?

* 본문을 관찰해보면
* 144000은
지상의 전투하는 교회죠
이에 대한 예표가

민1:3 이스라엘 중 **싸움에**
나갈 만한 모든 자를
그 진영(지파) 별로
계수하라

* 그런데 7절의
아무도 능히 셀 수 없는 큰 무리는

계7:9 보좌 앞과 어린양 앞에 서
있는 천상 교회라는
다른 점 때문이죠

* 그들에게는 소유를 표시하는
인침이 필요 없겠죠

❺ Q : 구원하심이 하나님과 어린양에게 있도다 이들도 인침을 받은 자들인가, 아닌가?

계7:9
각 나라와 족속과 백성과 방언에서
아무도 능히 셀 수 없는
큰 무리가 나와

1) 흰 옷을 입고
2) 보좌 앞과 어린양 앞에
   서서(계6:17? But how?)

계7:10
큰 소리로 외쳐 이르되

1) 구원하심이
2) 보좌에 앉으신 우리
   하나님과 어린양에게 있도다

그러면 이들은
인침을 받은 자인가, 아닌가?

---

❻ 예수 그리스도를 믿어야 하는 이유? 두 가지 축복을 위해서이다

계7:9
창3:21
흰 옷을 입고 보좌 앞과
어린양 앞에 서는 축복
(아담과 하와를 위하여)
가죽옷을 지어 입히시니라

벧전1:23
빌3:2
너희가 거듭난 것은
썩지 아니할 씨로 된 것이니
우리의 낮은 몸을
자기 영광의 몸의 형체와
같이 변하게 하시리라
(중생과 영화)

---

❼ [12장] 여러분의 분별력이 필요하다

계12:2
여자가 해산하게 되매
아파서 애를 쓰며 부르짖더라
(難産)

계12:4
용이 해산하려는 여자 앞에서
그가 해산하면 그 아이를
삼키고자 하더니(헤롯 등)

계12:5
여자가 아들을 낳으니

1) 이는 장차 철장으로
   만국을 다스릴 남자라
2) 그 아이를 하나님 보좌 앞으로
   올려가더라(부활 승천)

---

❽ 당신이 그리스도의 증인인가? 두 가지를 묻노니 ① 구원과 ② 사탄이 쫓겨난 이유를 말해 주어라

계12:6-9
용이 여자를 박해,
광야로 도망하죠

* 하늘에 전쟁이 있는데
① 미가엘과
② 용과 더불어 싸울새
③ 이기지 못하여
④ 큰 용이 내쫓기니
   옛 뱀 곧 마귀, 사탄이라

계12:10
그러자 큰 음성으로

① 이제 우리 하나님의
   구원과 능력과 나라와
   또 그의 그리스도의 권세가
   나타났으니
② 하나님 앞에서 밤낮
   참소하던 자가 쫓겨났고 하죠

계12:10 밤낮 참소하던 자
* 무엇이라 참소했겠는가?

창2:17 네가 먹는 날에는
반드시 죽으리라

롬6:23 죄의 삯은 사망이죠
(고전15:56
죄의 권능은 율법)

롬8:3-4 (우리의) 죄로 말미암아
자기 아들을 죄 있는
육신의 모양으로 보내어

1) 육신에 죄(罪)를
정(定)하사
2) 율법의 요구가
이루어지게 하심으로
(참소할 근거 없어짐)

눅22:43-44 천사가 하늘로부터
예수께 나타나 힘을 더하더라
예수께서 힘쓰고 애써 더욱 간절히
기도하시니 땀이 땅에 떨어지는
핏방울 같이 되더라

* 어느 천사가 도왔을까요?

단10:13 가장 높은 군주 중 하나인
미가엘이 와서 나를 도와 주므로

유1:9 천사장 미가엘이
모세의 시체에 관하여
마귀와 다투어 변론할 때에

히1:14 모든 천사들은
섬기는 영으로서

1) 구원 받을 상속자들을 위하여
섬기라고 보내심이 아니냐

* 증인들은 여호와의 전쟁을
싸우고 있다(미가엘=섬김)

마18:10 삼가 이 작은 자 중의
하나도 업신여기지 말라

2) 그들의 천사들이 하늘에서
내 아버지의 얼굴을
항상 뵈옵느니라

눅15:7 한 사람이 회개하면
하늘에서는….

하나님의 거문고를 가지고
① 모세의 노래,
② 어린양의 노래를
부르죠, 우리도….
㉠ 하시는 일이 크고 놀라우시도다
㉡ 주의 길이 의롭고 참되시도다

제15:2-3 짐승과 그의 우상과
그의 이름의 수를 이기고 벗어난 자들이 유리 바다 가에 서서

⑬

① 나는 복음 전도자이다
   (프란시스 쉐퍼)

시116:16 여호와여

② 나는 진실로 주의 종이요
   주의 여종의 아들 곧 주의 종이라
   주께서 나의 결박을 푸셨나이다
   (피로 사셨죠)

단9:19 (다니엘) 하나님이여

① 주 자신을 위하여 하시옵소서
   (돌아가게)
② 이는 <u>주의</u> 성과
   <u>주의</u> 백성이
③ <u>주의</u> 이름으로 일컫는
   바 됨이니이다

⑭

골고다 언덕길 오르신 주님
죄인의 두 다리 물어두었네
거친 바다 험한 산 피가 맺혀도
십자가 나도 지고 끝내 따르리

불 속에 라도 들어가서
불 속에 라도 들어가서
세상에 널리 전하리
주의 사랑을

나는 그리스도의 증인이다
형제도…

You(도순)Tube

230강

요한계시록 20장

계시록에 등장하는 난제들

①

* 계시록에 해석이 구구한 문제들이 있다.
* 제가 증언하는 것과 견해를 달리하셔도 괜찮다.
* 형제의 믿음을 갖고 계시기를 바란다.
* 오직 한 가지 확고할 것은 계시록에서 30번 강조하고 있는
  어린양을 붙잡으시기 바란다.

왜냐하면 계시록에서 "머리를 붙들지 아니하면"(골2:19)
곁길로 빠져서 길을 잃고 방황하게 되기 때문이다.
더 자세히 알기를 원하시면 제 책 계시록 파노라마를
참고하시기 바란다.

---

②

계시록에는 논란이 많은 궁금한 점이 있다?
계시록을 주신 ① 의도 ② 중심주제 ③ 우리의 책임에 해답

① 계시록을 주신 **의도**
  1) 환난 중에 있다(도미티안)
    하나님의 말씀과 예수를
    증언하였으므로 말미암아
  2) 밧모라 하는 섬에 있었더니
    (계1:9)

높은 산에 올라 Panorama로
보아야 해답이 있다

계21:10
성령으로 나를 크고 높은 산으로
올라가 하나님께로부터 내려오는
거룩한 성 예루살렘을 보이니

---

③

② 계시록의 중심주제를 통한 해답
네 기둥을 꽉 잡는 것이 해답이죠 오직 예수만 보이더라(눅9:36)

보좌 44번 어린양 30번	성령 13번 교회 20번

계7:10 큰 소리로 외쳐 가로되
      구원하심이
      보좌에 앉으신
      우리 하나님과
      어린양에게 있도다

계22:17 성령과 신부가
       말씀하시기를
  오라 하시는도다 듣는 자도
  오라 할 것이요 목마른 자
  올 것 이요, Come! 來! 來!

---

④

③ 계시록에서 우리가 행해야 할 책임을 통한 해답
일곱 번이나 촉구하신 이기는 삶을 사는 것이 해답이다

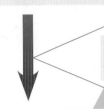

계2-3장 이기는 자는, 이기는 자는(전투)

계4-20장 누구와 싸워서
        어떻게 이기는가 하는 내용(환난)

계21:7 이기는 자는 이것들을 상속으로 받으리라(영광)

⑤

계시록의 이슈들
① 계시록에 주님의 재림 장면이 있는가?

계19:11 하늘이 열린 것을 보니 보라
백마와 탄 자가 있으니
그가 공의로
심판하며 싸우더라

계19:13 또 그가 피 뿌린 옷을
입었는데(재림장면)

수23:10 너희를 위하여 싸우심이라
(계17:14, 마28:20)

계1:7 (요한) 모든 족속이 그로
말미암아 애곡하리니

마24:29-30
(주님) 땅의 모든 족속들이 통곡하며
인자가 능력과 큰 영광으로
오는 것을 보리라

* 계시록을 주신 의도를 상기하라.

---

⑥

계시록의 이슈들
② 계시록에는 이상한 천국 광경이 있다

계22:14 자기 두루마기를 빠는 자
들은 복이 있으니 이는

① 그들이 생명나무에 나아가며
(이기는 자는)
② 성에 들어갈 권세를 받으려
함이로다

계22:15 개들과 점술가들과
음행하는 자들과
살인자들과 우상숭배
→ 다 성 밖에 있으리라

* 계시록이 일곱 번 촉구하는
이기는 자만이 들어갈 수 있다는
점을 강조하려는 것이다.

---

⑦

계시록의 이슈들
③ 천년왕국은 문자적으로 있을 것인가?

계20:4
① 내가 보좌들을 보니
거기에 앉은 자들이 있어
심판하는 권세를 받았더라
② 또 내가 보니
예수를 증언함과
하나님의 말씀 때문에
(보니, 20:1,4,4,11,12)

㉠ 목 베임을 당한 자들의 영혼들과
㉡ 또 짐승과 우상에게
경배하지 아니하고
표를 받지 아니한 자들이
㉢ 살아서 그리스도와 더불어
천년 동안 왕 노릇

* 전 천년설, 후 천년설, 무 천년설

---

⑧

천년 왕국 후에 전쟁이 있고, 주님의 재림이
한 번이 아닌 몇 번 있다는 것이 가능한 해석인가?

㉠ 목 베임을 당한 자들의
영혼들(순교자들)
㉡ 살아서(부활)
그리스도와 더불어
1000년 동안 왕 노릇 하다가

* 성경 전체=천년 왕국
계20:2-4 외에는 없다.

계20:7-8 천 년이 차매 사탄이 그
옥에서 놓여

㉢ 땅의 사방 백성 곧 곡과 마곡을
미혹하고 모아 싸움을 붙이리니

* 환상과 상징으로 되어 있는
계시록, 천년 동안 왕 노릇도
상징으로 보아야….

❾

(고후4:17) 잠시=영원, 환난=영광, 경한 것=중한 것
(계21:7) 이기는 자는 이것들을 상속으로 받으리라

계2:10 (서머나교회)
10일 동안 → 환난을 받으리라

계20:4 그리스도와 더불어
1000년 동안
왕 노릇 하니

롬8:18 생각하건대
현재의 고난은 장차
우리에게 나타날 영광과
비교할 수 없도다

고후4:17 우리가 잠시 받는
환난의 경한 것이
지극히 크고 영원한
영광의 중한 것을
우리에게 이루게 함이니

---

❿

계시록의 이슈들
④ 1260일, 3년 반, 한때 두때 반때, 42달(다섯 번 등장)

<u>11장의 두 증인의 **증언하는** 문맥 첫 등장(6절 비가 오지 못하게)</u>

* **약5:17** 엘리야, 3년 6개월 비가 오지 아니하고
① 계11:3 1260일 = 복음을 증언하는 기간
② 계11:2 42달 = 대적이 거룩한 성을 짓밟는 기간
③ 계12:6 1260일 = 하나님께서 교회를 양육하시는 기간
④ 계12:14 한 때와 두 때와 반 때 = 교회가 하나님의 보호를 받는 기간
⑤ 계13:5 42달 = 교회가 박해를 당하는 기간

* 재림하시기 까지 교회가 당면한 상징적 기간?

⓫

세대주의적인 해석
재림 직전에 신생로마가 이스라엘과 한 이레(7년)의 언약

* 이레의 절반에 언약을 파하고
대박해가 일어난다
* 계시록의 대부분이 이때
유대인들의 일로 여기죠

* **어떤 문제가 일어나는가?**
계12:4-6 붉은 용이
여인이 해산하면
삼키고자 하더니

1) 그 아이를 하나님 보좌 앞으로
올려가더라(부활 승천)
(계12:5) 가능한 해석인가?
(2000년 이상 단절)

⬇

2) (계12:6) 그 여자가
광야로 도망하매 거기서
1260일(3년 반) 동안
하나님의 양육을 받죠

⓬

계시록의 이슈들
⑤ 14400=(근거)12x12x1000, 단지파가 빠졌다

계7:4 내가 인침을 받은 자의 수를
들으니 144000
민1:3 (열두 지파) 싸움에 나갈
만한 자를 계수하라

* 144000은 2-3장의 지상교회
전투하는 군병들의 상징 수
* 보좌 앞에 있는 허다한 무리
천상의 안식하는 교회 성도들

[중요] 누가 언제 인을 치느냐?
① 구원의 복음을 듣고
② 또한 믿어(엡1:13)
③ <u>약속의 성령으로
인치심을 받았으니</u>

계14:3 땅에서 속량함을 받은
144000=모든 그리스인은
인침을 받은 자다

⑬ 계시록의 이슈들
⑥ 그의 수는 666이니라 (계13:18)

* Gematria 666=네로?
* 666=verification+chip?

고후11:14 이것은 이상한 일이 아니니라 사탄도 자기를 광명의 천사로 가장(모방)

계7:4 하나님께서 인을 치시니

계13:16 이마에 표를 받게 하고

계11:11 하나님께로부터 생기가 들어가매

계13:15 우상에게 생기를 주어
* 하나님=777
* 모방하는 자=666

요10:28 내 손에서 빼앗을 자가
엡2:6 함께 하늘에 앉히시니

(666이 빼앗는 것이 가능한가?)

⑭ 계시록의 이슈들,
⑦ 아마겟돈 전쟁은 3차 세계대전인가?

계16:16 세 영이 (용, 짐승, 거짓선지자) 아마겟돈이라 하는 곳으로 왕들을 모으더라

* 아마겟돈이 어딘가? 므깃도의 언덕인데 아하시야, 요시야 왕이 죽은 격전장이다(왕하9:27, 대하35:22)

* 묻노니 형제는 하나님의 구원계획에 있어서 최대의 전투가 무엇이라고 믿는가?

⑮ 주 예수 그리스도께서 내가 이겼노라 하신 전투보다 더 큰 전쟁이 있단 말인가?

히2:14-15 하나님의 아들이 육신을 입고 오셔서

① 십자가에 달려 죽으셨죠
② 부활하심으로 죽음의 세력을 잡은 자 곧 마귀를 멸하셨죠
③ 한평생 매여 종 노릇 하는 자들을 해방시켜주셨죠

① 대속제물로 신구약의 죄를 해결하신 전투
② 휘장을 찢으신 천국문을 여신 전투
③ 첫 열매가 되신 부활의 문을 여신 전투

* 복음을 전해 사망에서 생명으로 뺏어오는 영적전투

⑯ ⑧ 계시록에는 많은 전쟁? 몇 번의 전쟁이 있는가?
하나님의 구원계획에는 세 방면의 전쟁뿐이다

① 임마누엘 한 주님과 사탄 간에 벌어지는 대표자 간의 싸움

② 그리스도의 증인들과 사탄의 하수인들(적그리스도, 거짓 선지자들)간의 싸움(현재)

③ 최후로 주님의 재림 때에 있을 최후심판이죠

* 그렇다면 형제가
㉠ 설교할 때
㉡ 전도(선교)할 때
㉢ 나는 지금 아마겟돈의 싸움을 하고 있다는 정신무장으로 임해야 하겠죠

⑰
이 외에도 난해한 점이 많죠, 이것이다, 저것이다, 요것이다 이를 몰라도 중심주제를 깨닫는 데는 지장이 없죠

계9:16 마병대의 수는 이만 만이니 내가 그들의 수를 들었노라

계10:4 하늘에서 소리가 나서 말하기를 일곱 우레가 말한 것을 인봉하고 기록하지 말라 하더라

계17:7 내가 여자와 그가 탄 일곱 머리와 열 뿔 가진 짐승의 비밀을 네게 이르리라

계17:10 일곱 왕이라 다섯은 망하였고 하나는 있고 다른 하나는 아직 이르지 아니하였으나

---

⑱
난제를 해석하는 Keyword 계시록의 대적자=이제도 있고, 전에도 있었고 장차도 있을 자

계1:4 요한의 증언

① 이제도 계시고
   전에도 계셨고
   장차 오실 이시며
② 나는
   ㉠ 이제도 있고
   ㉡ 전에도 있었고
   ㉢ 장차 올 자요

* 핵심 : 이제도 있다
* 中文=是昔在今在以后永在
   옛날에도 이제도 영원

① 과거적 해석(지나간 얘기)
② 역사적 해석
③ 미래적 해석(우리와 무관한)
하나님=이제도 계시고
계시록의 싸움=이제도 있다

---

⑲
그리스도의 증인들은 이제도 있는 대적들과 오늘, 지금 계시록적인 전투를 하고 있다

계2:1 (주님은 이제도)
   오른손에 있는 형제를
   붙잡고 형제가 섬기시는
   교회를 거니시는
   주님이십니다
계12:12 마귀는 이제도
   자기의 때가
   얼마 남지 않은 줄을
   알므로 발악하죠

* 다시 강조한다 형제가

㉠ 강단에서 설교할 때
㉡ 전도(선교)하는 현장에
㉢ 한 영혼을 사망에서 생명으로
   인도할 때 나는 지금
   아마겟돈의 싸움을 하고 있다는
   경각심을 갖는다면
   놀라운 혁명이 일어나겠죠

---

⑳
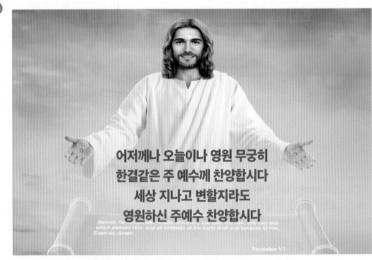

어저께나 오늘이나 영원 무궁히
한결같은 주 예수께 찬양합시다
세상 지나고 변할지라도
영원하신 주예수 찬양합시다

You(도순)Tube

231강

요한계시록 epilogue
위로, 격려, 소망

❶

계시록을 마치면서
그리스도의 증인이 증언할 한마디가 있다면?

요1:29 (세례요한) 진리에 대하여 증언하였느니라
　　　　보라 세상 죄를 지고 가는 하나님의 어린양이로다

요1:37 두 제자가 예수를 따르거늘

요1:38 주님께서 물으셨죠
　　　　무엇을 구하느냐

> 계시록의 中心
> 서른 번 등장 하는 어린양

　　　　　　* 정답=세상 죄를 지고 가는 하나님의 어린양이다.

계5:6 내가 보니 어린양이 서 있는데

---

❷

계시록이 무엇인가?
죄가 들어오자 선언하신 원복음의 완성이다

창3:15 내가… 되게 하리니(주권적인 이루심)
　　　　① 여자의 후손은 네 머리를 상하게 할 것이요

　　　　② 너는 그의 발꿈치를 상하게 할 것이라 하시고

계20:2 용을 잡으니 곧 옛 뱀이요 마귀요 사탄이라

계20:10 미혹하는 마귀가 불과 유황 못에 던져지니

---

❸

계시록이 무엇인가? 오래 참고 기다리시던
하나님의 공의를 나타내시는 최후심판의 책이다

계20:12 또 내가 보니 죽은 자들이 그 보좌 앞에 서 있는데
　　　　책들이 펴 있고 책들에 기록된 대로 심판을 받으니

계20:15 생명책에 기록되지 못한 자는 불못에 던져지더라

시58:11 그 때 가서야 사람의 말이(때는 늦었지만)
　　　　① 진실로 의인에게 갚음이 있고
　　　　② 진실로 심판하시는 하나님이 계시다 하리로다

---

❹

(롬3:5) 심판(진노)하시는 하나님이
불의하시냐고 묻게 된다

계16:7 내가 들으니 1) (번)제단이 대답하죠
　　　　　　　　　㉠ 심판하시는 것이 참되시고
　　　　　　　　　㉡ 의로우시도다 하더라

롬8:3　　　　　2) 하나님은
　　　　　　　　　㉠ 우리 죄로 말미암아
　　　　　　　　　㉡ 자기 아들을 육신을 입고 보내어
　　　　　　　　　㉢ 육신에 죄를 정하사

　　　　* 지금은 =은혜, 지금은 구원

❺

(롬1:18) 하나님의 진노는 경건하지 않음과 불의에 대하여 나타나나니

롬1:23 (심판 당하는 원인?)
썩어지지 아니하는
하나님의 영광을

1) 썩어질 사람과 새와 짐승과
기어다니는 동물 모양의
2) 우상으로 바꾸었느니라

1) 구약교회가 멸망한 죄가?
* 메시아 언약을
망각했기 때문이죠.

2) 아담이 범한 죄도 윤리가 아닌
신학적인 죄였다.
* 우리는 어떠하냐 묻게 되는가?

---

❻

계시록을 마치면서 우리에게 주어진 성경이 어린양으로 시작, 어린양으로 마치고 있다는 한 가지만

창4:4 아벨, 양의 첫 새끼와
그 기름으로 드렸더니
그의 제물은 받으셨으나

계22:1, 3 생명수의 강이
하나님과
어린양의
보좌로부터 나와서

창2:16 네가 임의로 먹되

계22:17 원하는 자는
값없이 생명수를 받으라

---

❼

네 촛대를 옮기리라, 입에서 토하리라 실상은 죽은 자라 하신 죄가 무슨 죄인가를 생각하라

계2:18-19 두아디라 교회

㉠ 내가 네 사업과
㉡ 사랑과
㉢ 믿음과
㉣ 섬김과
㉤ 인내를 아노니
네 나중 행위가
처음 것보다 많도다

[착각하지 마시라]

계2:20 그러나 네게 책망할
일이 있노라 자칭
선지자라 하는 여자
이세벨을
네가 용납함이니

계2:14 네게 발람의 교훈을
지키는 자들이 있도다

계2:15 니골라 당의 교훈을
지키는 자들이 있도다

---

❽

계시록은 이렇게 시작해서, 이렇게 마치고 있다 말씀을 지키라고 명령하신다

계1:3 이 예언의 말씀을
읽는 자와 듣는 자와
그 가운데에
기록한 것을
지키는 자는
복이 있나니

━━▶

계22:7 보라 내가 속히 오리니
이 두루마리의
예언의
말씀을
지키는 자는
복이 있으리라

계시록은 이렇게 시작해서, 이렇게 마치고 있다
이기는 자는, 이기는 자는, 이 한마디를 위해서 주어졌다

계2:11	이기는 자는
계3:5	이기는 자는
계3:12	이기는 자는
계2:7	이기는 그에게는
계2:17	이기는 그에게는
계3:21	이기는 그에게는
계2:26	이기는 자와 끝까지 내 일을 지키는 그에게

계21:7 이기는 자는
이것들을
상속으로 받으리라

① 나는
그의 하나님이 되고
② 그는
내 아들이 되리라(처음)

그러면 최우선적으로 무엇을 지키는 것이
이기는 자인가?

계3:10 네가 나의
인내의 말씀을 지켰은즉

계12:17 하나님의
계명(말씀)을 지키며
예수의
증거를 가진 자들

계14:12 성도들의 인내가 여기 있나니
그들은 하나님의 계명과
예수에 대한 믿음을
지키는 자니라

계16:15 보라 내가 도둑 같이 오리니
옷을 지켜 벌거벗어
부끄러움을 보이지 않는 자

계시록 2-3장의 약속이 계시록 20-22장에서 성취된다

계2:7	생명나무의 열매를 주어 먹게 하리라
계2:11	둘째 사망의 해를 받지 아니하리라
계2:17	감추었던 만나를 주고 또 흰 돌을 줄 터인데
계2:26	만국을 다스리는 권세를 주리니

계22:14 생명나무에
나아가며

계20:14 둘째 사망
곧 불못이라

계21:6 내가 생명수 샘물을
목마른 자에게
값없이 주리니

계20:4 심판하는 권세를
받았더라

계시록 2-3장의 약속과 계시록 20-22장의 성취

	[약속]		[성취]
계3:5	이기는 자는 이와 같이 흰 옷을 입을 것이요	계19:8	세마포 옷을 입도록 허락하셨으니
계3:12	성전에 기둥이 되게 하리니	계21:14	성의 기초, 열두 사도의 열두 이름이 있더라
계3:21	내 보좌에 함께 앉게 하여 주기를	계20:4	내가 보좌들을 보니 거기에 앉은 자들이 있어 심판하는 권세를 받았더라

⑬
창세기 1-3장과 계시록 20-22장의 조화

창1:1	천지를 창조하시니라	계21:1	새 하늘과 새 땅을 보니
창2:17	먹는 날에는 죽으리라	계21:4	다시는 사망이 없고
창3:15	여자의 후손은 네 머리를 상하게 할 것이요	계20:2	용을 잡으니 곧 옛 뱀이요
창3:17	너로 말미암아 저주를 받고	계22:3	다시 저주가 없으며
창3:24	생명 나무의 길을 지키게	계22:14	그들이 생명나무에 나아가며
창3:24	그 사람을 쫓아내시고	계22:14하	성에 들어갈 권세를 받으려 함이로다

⑭
결론: 성경 전체의 구조는 세 번의 이루심으로 되어 있다는 점을 명심

창2:1 천지와 만물이 다 이루니라 (첫 창조)

요19:30 십자가상 다 이루었다 (구속)

계21:6 이루었도다
처음과 나중이라 (재창조)

⑮
(마25:34) 내 아버지께 복 받을 자들이여 창세로부터 너희를 위하여 예비된 나라를 상속받으라

눅19:10	인자가 온 것은 잃어버린 자를 찾아 구원하려 함이니라	계21:6-7	이루었도다 나는 알파와 오메가요 처음과 마지막이라 이기는 자는 이것들을 상속으로 받으리라
계21:3	보라 하나님의 장막이 사람들과 함께 있으매 함께 계시리니 함께 계셔서		

⑯
(사48:11) 나는 나를 위하며 나를 위하여 이를 이룰 것이라 어찌 내 이름을 욕되게 하리요 내 영광을 다른 자에게 주지 아니하리라

* 솔로몬의 아가(계8:11)
포도원을 지키는 자들에게 맡겨두고 떠나는,

14 나의 사랑하는 자야 너는 빨리 달리라
노루처럼 어린 사슴처럼 달려오소서

내가 진실로 속히 오리라
아멘 주 예수여 오시옵소서
maranatha 계22:20

⑰

계시록에 대해
좀더 알기를 원하시면

기독교　서점
　　　인터넷 서점
문의　머릿돌 출판사
　　　010-9472-8327

⑱

우리는 누구를 위하여, 무엇을 위하여
우리는 하나님과 함께 거할 하나님의 나라 건축자

창2:8　에덴에 동산을 창설하시고 그 지으신 사람을

거기 두시니라

출3:8　내가 내려가서 그들을 애굽인의 손에서
　　　　건져내고,

지방에 데려가려 하노라

마16:18　(잃어버렸다 찾으신 자들을 두기 위해서)

내 교회를 세우리니

계21:3　보라 하나님의 장막이 사람들과 함께 있으매

하나님이 그들과 함께 계시리니

You(도순)Tube

232강

창세기-요한계시록을 마치면서

하나님의 구원 계획

❶
나는 선한 싸움을 싸우고
나의 달려갈 길을 마치려는 늙은 종이다 (딤후4:7)

* 극동방송으로 복음을 전한 저는 기독교 TV를 통해서도
  복음을 전하고 싶었다.

엡3:8　모든 성도 중에 지극히 작은 자보다 더 작은 종에게 하나님은
　　　　You Tube를 통해 복음을 전하게 하셨다.
골1:29　이를 위하여 나도 내 속에서 능력으로 역사하시는 이의
　　　　역사를 따라 힘을 다하여 수고하노라
고후12:9　내 능력이 약한 데서 온전하여짐이라
고후1:11　(사도 바울, 저는) 많은 사람의 기도로 얻은 은사로 말미암아
　　　　많은 사람이 우리를 위하여 감사하게 하려 함이라

❷
신·구약 성경은 한편의 구원계획이다
(창3:15) 내가…하리라 ➡ (계21:6) 이루었도다

히1:1　옛적에 선지자들을 통하여　여러 부분과
　　　　　　　　　　　　　　　　여러 모양으로
　　　(무엇을) 말씀하신 하나님
계시록
창세기
히 1:2　이 모든 날 마지막에는
　　　　아들을 통하여 우리에게 말씀하셨으니

❸
성경은 점들의 모임이 아닌 선(線)이다
자유주의, 복음주의, 구속사적 관점

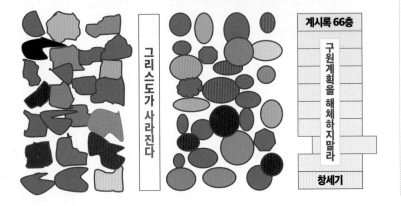

그리스도가 사라진다

계시록 66층
구원계획을 해체하지말라
창세기

❹
현대교회 설교 무엇이 문제인가?
(뻗후1:9) 이런 것이 없는 자는 맹인이라 멀리 보지 못하고

복음서
그리스도

고전13:10　부분적으로 하던 것이
　　　　　　폐하리라

갈5:4　그리스도, 끊어지고,
　　　　은혜에서 떨어진 자가 됨

⑤

T(top)R(root) 법칙

나타났죠

골 1:26 이 비밀은 만세와 만대로부터 감추어졌던
것인데 이제는 그의 성도들에게 나타났고

⑥

복음의 뿌리는 어디 있는가?

눅24:44 모세의 율법과 선지자의 글과 시편에 나를 가리켜
기록된 모든 것이 이루어져야 하리라 한 말이 이것이라

⑦

그리스도 증인들의 두 가지 사명

엡3:8 모든 성도 중에 지극히
작은 자보다 더 작은 나에게
이 은혜를 주신 것은
1) 측량할 수 없는
그리스도의 풍성함을
이방인에게
전하게 하시고

엡3:9 영원부터 만물을 창조하신
2) 하나님 속에 감추어졌던
비밀의 경륜(經綸)이
어떠한 것을 드러내게
하려 하심이라
(But why?)

엡3:17 뿌리가 박히고 터가
굳어지기 때문 有根有基

⑧

Kανων 캐논
최종적인 권위와 최후의 보루인 성경

시11:3 터가 무너지면
의인이 무엇을 하랴

고후10:4 우리의 싸우는 무기는
오직 어떤 견고한 진도
무너뜨리는
하나님의 능력이라
모든 이론을 무너뜨리며

고후10:5 하나님 아는 것을
대적하여 높아진 것을
다 무너뜨리고

⑨ 성경의 구속사적인 맥락
메시아 언약을 누가 보수하여 우리에게 전수했는가?

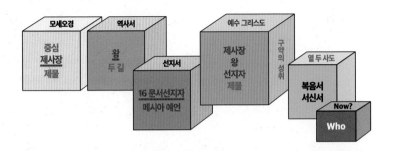

⑩ 구원계획을 마치면서 성경을 보는 눈이 얼마나 밝아졌는가?
기본적인 다섯 가지 질문을 한다

요5:17
주님은(베데스다 38년)
내 아버지께서
이제까지 일하시니 나도 일한다

① 하나님은 무슨 일을
  하고 계시는가?(창3:15)
② 예수님은 무슨 일을
  하러 오셨는가?

③ 성령은 무슨 일을
  위해서 강림하셨는가?
④ 성경의 저자와,
  기록목적은 무엇인가?

이상 네 가지 질문에 확고한 자만이
⑤ 나의 소명, 나의 사명에
  확고할 수가 있다.

⑪ 2. "나도 일한다"
주님은 무슨 일을 하러 오셨다고 말씀하시는가?

눅19:10
인자의 온 것은
잃어버린
자를 찾아
구원하려함

마20:28
인자의 온 것은
대속물로
주려함

요12:17
내가
이를 위하여
이 때에
왔나이다

요19:30
십자가상에서
"다 이루었다"

⑫ 3. 성령은 무슨 일을 위해서 강림하셨죠?
4. 성경의 저자와 기록목적은 무엇인가?

요15:26
진리의 성령이 오실 때에
나를 증언하실 것이요(주님 무엇?)

요16:7
내가 떠나가지 아니하면 보혜사가
너희에게로 오시지 아니할 것이요

요5:39   (성경 기록목적?)
내게 대하여 증언하는 것이니라
(미리 준비하심)
  ① 형제에게 성령이 임하시고
  ② 성경이 주어졌죠,
    그렇다면 형제의 사명은?

⑬
(마13:44) 천국은 마치 밭에 감추인 보화와 같으니 발견한 후 기뻐하며 돌아가서 자기의 소유를 다 팔아 그 밭을 사느니라

佛, 三法印說
諸行無常, 諸法無我,
一切皆苦 (尋牛堂)
孔子 : 朝聞道 夕死可矣
소크라테스 : 너 자신을 알아라

* 그리스도 예수

내가
① 곧 길(道)이요
② 진리요(벧후2:2, 진리의 도)
③ 생명이니
　나로 말미암지 않고는
　아버지께로 올 자가
　없느니라(요14:6)

⑭
하나님 속에 감추어졌던 비밀의 경륜
그리스도의 비밀, 복음의 비밀=깨달은 자 바울

엡3:4 그것을 읽으면 내가
　<u>그리스도의 비밀을</u>
　깨달은 것을
　알 수 있으리라

엡3:9 영원부터 만물을 창조하신
　하나님 속에 감추어졌던
　<u>비밀의 경륜이</u> 어떠한 것을
　드러내게 하려 하심이라

엡6:19 나로 입을 열어
　<u>복음의 비밀을</u>
　담대히 **알리게 하옵소서**
　할 것이니(…은 만큼)

⑮
진심으로, 진심으로
그리스도의 비밀, 복음의 비밀을 깨달았다면?

빌3:8

또한
모든 것을 해로 여김은
내 주 그리스도 예수를
아는 지식이
가장 고상하기 때문이라
<u>그리스도를 얻고</u>

행20:24

내가
1) 달려갈 길과
2) 주 예수께 받은 사명
3) 마치려 함에는 **나의 생명조차**
　조금도 귀한 것으로
　여기지 아니하노라

⑯
하나님의 구원계획
창세기 ➡ 계시록을 마친다

창세기 역을 출발 ········ 계시록 역을 향해 지금도 달려가죠
<u>구원계획의 **일관성 · 통일성 · 점진성**</u>